弘兼憲史の
サッとつくれて
ウマイつまみ
54品

弘兼憲史
Hirokane Kenshi

ビジネス社

仲間と遊ぶときよく作る料理を紹介します

僕は料理好きです。漫画は手間のかかる作業なので、スタジオにはいつも7～8人のスタッフが詰めていますが、昼食は自炊です。献立を考えるのは僕。毎日、買い物にも行きます。料理を作るのはスタッフの交代制なので、それまで料理なんてほとんどしたことのない人も、しょっちゅう作るから、だんだんうまくなっていくんですよね。

そして、一日中仕事をしたあとの楽しみは晩酌です。なにを飲むか決めたら、冷蔵庫の中を見て、残っているものでササッと簡単なつまみを作って、一杯やる。これが実にいい！ 至福の時間です。

このひとときのために、真面目に仕事をしているようなものかもしれません。

仲間との麻雀大会で料理の腕をふるう

趣味はゴルフと麻雀で、ゴルフは気分転換と運動を兼ねて、朝のうちに近場のコースへ出かけ、仕事場に戻ります。カートがないコースなので、18ホールプレイすると7キロから10キロくらい歩くことになります。普段は座って仕事をしていて、出かけるのは近所のスーパーくらいですから、僕にとってはけっこうな運動量です。

けれど、仲間とおしゃべりしながら4～5時間かけてのんびり歩くのですから、それほど大きな負荷というわけでもありません。午後からいつもどおり仕事ができるのですから、ちょうどいい感じです。食事もお酒も楽しむためには、健康が資本ですからね。

もうひとつの趣味、麻雀は、数年前に同好会に

参加しました。年齢も職業も異なる人達が集まっているので、一種の異業種交流のようにもなっています。面白いのは、この会では年功序列がルールなのです。若い人は有名企業に勤めていようが、名のある人だろうが関係なく、参加者の言うことを聞かなくてはなりません。「アレして」「これ、お願い」に応えないといけないのです。といっても、無理を言う人はいません。飲み物が足りなくなったから買いに行くとか、メンバーに連絡をするとか、そういう〝御用聞き〟役です。

◆ ◆ ◆

この会で僕は最年長。だからと言ってなにもしないわけではありません。僕の役割は料理担当です。3人の男性が順番に料理を受け持つことになっていて、中にはプロの料理人もいるのですが、なぜか僕がシェフと呼ばれています。年長だからかな。こそばゆい感じがしますが、でもうれしい気持ちです。

卓に向かい合っていないときが料理タイム。僕

がよく作るのは、片手でつまんで食べられる高菜漬けの俵おにぎり（7ページ）など。つまみやすい小さめのおにぎりや稲荷寿司などのときもあります。

あとは、ちょっと小休止して、具だくさんのそうめん（9ページ）や鍋（10ページ）を囲むこともあります。美味しいのはもちろんですが、みんなで楽しく食べるのがなにより大切。今日も楽しかったなと思ってもらえるようにと心がけます。

◆ ◆ ◆

本書では、こうした僕がよく作る料理や酒の肴を紹介します。いずれも美味しいことは請け合います。簡単に作れるものばかりですから、ぜひ試してください。

ビニール袋に
桜エビと小麦粉を入れ、
軽くまぶす。

仲間と楽しむご飯

桜エビのサラダ

**行きつけの天ぷら屋さんのメニューがとっても美味しくて、
家で作れる簡単レシピにアレンジしてみたよ。**

◆材料（1人分）

生桜エビ（またはゆで桜エビ）……50g
小麦粉……適量
エリンギ（細い棒状に切る）…1／2本
水菜（5㎝長さに切る）……1株
大根（細い棒状に切る）……約1㎝分
カニカマ（食べやすく割く）……2本
オリーブオイル……少々
タレ 柚子ぽん酢しょうゆ大さじ1強、マヨネーズ大さじ2弱

◆作り方

① 桜エビはビニール袋に入れて小麦粉を軽くまぶす。フライパンにオリーブオイルを入れて熱し、桜エビをカリっと焼いてキッチンペーパーに取り、油を切っておく。
② エリンギは電子レンジ（600W）で30秒加熱する。
③ ②と水菜、大根、カニカマをタレで和えて器に盛り、①を飾る。

仲間と楽しむご飯

高菜漬け俵おにぎり

青高菜を使うのがおすすめ。広島菜で作ってもいいかな。
小ぶりに作って、最後にキュッと握るのがコツ。

◆材料（作りやすい分量）

高菜漬け……18枚
ご飯……400g
白ごま・ゆかり・鮭フレーク・ちりめん山椒……各適量

◆作り方

① 高菜は茎と葉を切り分ける。茎は細かく刻み、白ごまと一緒にご飯に混ぜる。
② ①を3等分し、それぞれにゆかり、鮭フレーク、ちりめん山椒を混ぜる。
③ 高菜を広げて②を適量置き、俵型に仕上げる。

ご飯に混ぜるものを
変えれば
いろんな味が楽しめる。

小どんぶりに盛って、
ひっくり返すと
きれいに盛り付けられる。

仲間と楽しむご飯

チキンラーメン炒飯

**麺を袋ごと砕くのと、ちゃんとふやかすのがポイント。
チャーハンはこしょうが決め手だから、しっかりきかせて！**

◆材料（1人分）

- チキンラーメン……1袋
- ご飯……200g
- 卵……1個
- 長ねぎ（みじん切り）……1/2本
- レタス（ざく切り）……1枚
- チャーシュー（食べやすく切る）……50g
- 塩・こしょう・ごま油……各適量
- しょうゆ……少々
- 紅しょうが……適量

◆作り方

①チキンラーメンを袋の上から細かく砕き100㎖（分量外）の湯でふやかす。

②フランパンにごま油を熱し、溶いた卵を入れ、軽く混ぜたらご飯を加えてよく混ぜ合わせる。

③①を加えて塩・こしょうで味をととのえる。

④長ねぎ、レタス、チャーシューを入れて混ぜ、仕上げにしょうゆを回しかける。器に盛り付けて紅しょうがを添える。

◆材料（4人前）

そうめん……5束
錦糸卵……100g（卵2個分）
蒸し鶏……100g
カニカマ……5本
きゅうり……1本
トマト……1個
貝割れ菜……1パック
豚肉しゃぶしゃぶ用……100g
みょうが……2本
薬味 ごま、しょうが、わさび、長ねぎ小口切り各適量
タレ① めんつゆ（ストレートタイプ）、酢、ごま油各適量
タレ② めんつゆ（ストレートタイプ）、ごまダレ各適量

◆作り方

① 卵は錦糸卵に、豚肉は冷しゃぶにする。麺はゆでる。
② すべての材料を冷やし中華の具材のように切って、個別に盛り付ける。それぞれ好みのたれと薬味で食べる。

仲間と楽しむご飯

冷やしそうめん

好みの具をのせて食べる冷やし中華風アレンジそうめん。麻雀なんかで大勢集まったときによく作るよ。

それぞれ好きな具材をのせて、好みの味で。

もうやんカレー鍋

なぜだか深夜に食べたくなる、やみつきカレー鍋。最後はチーズリゾットで！

◆材料（4人前）

冷凍もうやんカレーもつカレー鍋（1500g）……1パック
だし……昆布10㎝、水400㎖
大根・にんじん……各少々
豚挽き肉……100g
オクラ（輪切り）……10本
にんにく（薄切り）……1かけ分
鷹の爪……1本
ひきわり納豆……2パック

大根とにんじんを加えて、ひと煮立ちさせる。

リゾット用 ご飯200g、とろけるチーズ50g

◆作り方

①鍋にだし用の昆布と水を入れて火にかけ、沸騰して5分後、昆布を取り出す。

②大根とにんじんはピーラーで薄く削ぐ。芯の部分は食べやすく刻む。

③フライパンにサラダ油（分量外）を入れ、挽き肉を炒め、色が変わったらオクラも炒める。

④①の鍋に大根とにんじんの芯の部分と③を加え、カレー鍋のパックの材料、にんにく、鷹の爪も入れ10分煮込む。

⑤ひきわり納豆、大根、にんじんを加えてひと煮立ちしたらできあがり。

シメのリゾット

食べ終わった鍋にご飯を入れ、
チーズを加えて仕上げる。

もうやんカレーは
コクがあって、
辛さもほどいい。

おまけの一品

昆布で作った漬物

◆つくり方◆

だしに使った昆布は短冊に切り、
白菜のざく切りと合わせ、
昆布茶、白ごま、ごま油であえる

【目次】

仲間と楽しむご飯

魚介のつまみ

肉のつまみ

豆腐のつまみ

野菜のつまみ

ワインに合うつまみ

洋酒に合うつまみ

ビールに合うつまみ

日本酒に合うつまみ

シメの夜食

食べ頃のアボカドさえあれば、
絶対美味しくできる一品！
しょうゆじゃなくて
めんつゆを加えるのがミソ！

魚介のつまみ

マグロのポキ

◆材料（1人分）

マグロ（角切り）……80g
アボカド（角切り）…1/4個（角切り）
万能ねぎ（小口切り）……適量
めんつゆ（ストレートタイプ）……大さじ1/2
おろしにんにく・ごま油・練りわさび・白ごま……各適量

◆作り方

①めんつゆから白ごままでを全て合わせておく。
②ボウルにマグロ、アボカド、①を入れ、全体を混ぜ合わせる。
③器に盛り、万能ねぎを散らす。

ブリを漬ける**時間はお好み**で。
さっと漬けたのも美味いし、
じっくり漬けたのもまた味わい深いからね。

ブリのヅケ生春巻き

◆材料（1人分）

ブリ刺身用……4切れ
生春巻きの皮……1枚
大葉……1枚
みょうが（千切り）……1本
きゅうり（千切り）……1/3本
万能ねぎ……1本
貝割れ菜……1/4パック
しょうゆ……大さじ1強
日本酒……小さじ2
みりん……大さじ1/2
練りわさび・ごま……各適量

◆作り方

① ボウルにしょうゆからごままでを入れて混ぜ合わせ、ブリを漬け込む。
② 生春巻きの皮を水で戻し、ブリと野菜を置いて破れないように巻く。
③ 4等分にして器に盛る。

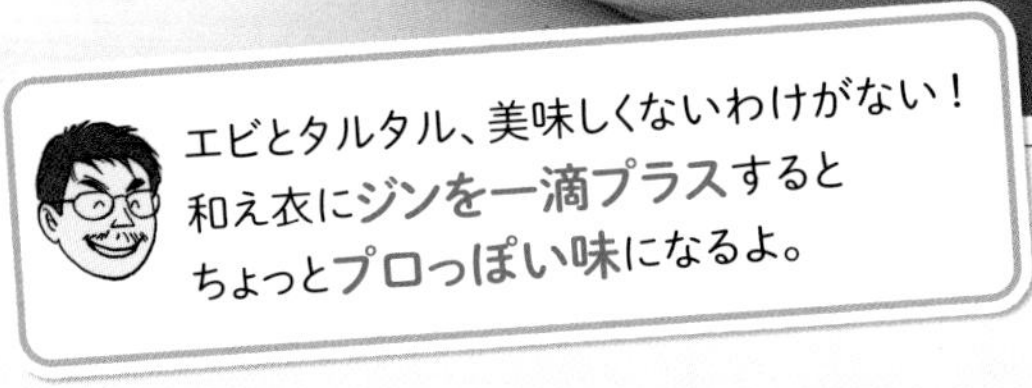
エビとタルタル、美味しくないわけがない！
和え衣にジンを一滴プラスすると
ちょっとプロっぽい味になるよ。

エビのタルタル

◆材料（1人分）

むきエビ……50g
ゆで卵（食べやすく切る）……1/2個
アボカド（食べやすく切る）……1/4個
玉ねぎ（みじん切り）……1/8個
大葉（千切り）……1枚
マヨネーズ……大さじ2・1/2
ジン・練りがらし・塩……各適量

◆作り方

①エビは塩ゆでにし、キッチンペーパーで水気を取り、食べやすく切る。
②玉ねぎは水にさらして水分をよく取る。
③ボウルに、エビ、ゆで卵、アボカド、玉ねぎを入れ、マヨネーズ、ジン、練りからしを加えて全体を合わせる。
④器に盛り付け、大葉を散らす。

あらかじめシーフードに
オイスターソースを絡めるのが“弘兼流”。
うま味が増すよね。

魚介のつまみ

魚介のアヒージョ

◆材料（1人分）

シーフードミックス……100g
プチトマト（半分に切る）……3個
オイスターソース……小さじ1
オリーブオイル……1/2カップ強
にんにく……2かけ
鷹の爪……1本

◆作り方

①シーフードミックスの水分をキッチンペーパーで取り、オイスターソースを絡める。
②スキレットにオリーブオイル、つぶしたにんにく、鷹の爪を入れ、弱火にかける。
③にんにくの香りが立ったら①を加え、火が通ったらプチトマトを入れてさっと加熱して火を止める。
④器に盛り、好みで焼いたバゲットを添える。

塩辛がとっても良い仕事をするよ。
バンザイ、発酵食品！
オリーブオイルとも相性が良いんだよね。

魚介のつまみ

小松菜塩辛和え

◆材料（1人分）

小松菜……1/2束
塩辛……20g
オリーブオイル……適量
クリームチーズ……20g
かつお節……適量

◆作り方

①小松菜を洗ってラップで包み、電子レンジ（600W）で1分加熱し、氷水に取って冷やす。水気をしっかり切って、3㎝長さに切る。

②ボウルに①、塩辛、オリーブオイル、クリームチーズを入れ、全体を合わせる。

③器に盛り、かつお節をのせる。

鮭に合わせて、
ほの甘いみそを
使うのが決め手。
オリーブオイルとの
組み合わせが絶妙なんだよ。

塩鮭キャベツ

◆材料（1人分）

- 塩鮭……1切れ
- キャベツ（ざく切り）……1/4個
- オリーブオイル……適量
- にんにく……1かけ
- 鷹の爪……1本
- ベーコン（食べやすく切る）……50g
- 日本酒……大さじ2
- 砂糖……大さじ1
- 合わせみそ……大さじ1強

◆作り方

① 塩鮭は焼く。日本酒、砂糖、みそを合わせる。

② フライパンに、オリーブオイル、つぶしたにんにく、鷹の爪、ベーコンを入れ弱火で炒める。

③ にんにくの香りが立ったら、鷹の爪をフライパンから出して、キャベツを加える。

④ キャベツがしんなりしたら、合わせ調味料を加え、全体を合わせる。

⑤ 焼いた鮭を加えて器に盛る。

のりで巻いていただく ブリのなめろう

◆材料（1人分）

ブリ刺身用……4切れ
大葉……2枚
みょうが……1本
万能ねぎ・しょうが・ごま……各適量
みそ……適量
卵黄……1個
焼きのり……適量

◆作り方

①まな板に、ブリ、大葉、みょうが、万能ねぎ、しょうが、ごま、みそを置き、包丁で細かく叩く。
②器に盛り付け、中心をくぼませて卵黄をのせる。
③焼きのりを添える。

"なめろう"をアジの専売特許にしておくには惜しいから、ブリを一尾もらったときに試してみた。うまかった！

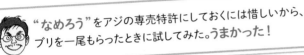

生春巻きの皮と生ハム、
なんとなく**食感が似てる**じゃない。
一緒にしたらどうかなと思ったら……、
いいじゃないか！

肉のつまみ

生ハム生春巻き

◆材料（1人分）

生春巻きの皮……1枚
生ハム……1枚
クリームチーズ……30g
きゅうり（千切り）……1/3本
レタス（千切り）……1/2枚
りんご（千切り）……1/10個
マヨネーズ……大さじ2弱
レモン汁……小さじ1
豆板醤……少々

◆作り方

①マヨネーズ、レモン汁、豆板醤を混ぜ合わせてソースにする。
②生春巻きの皮を水で戻し、生ハム、クリームチーズ、きゅうり、レタス、りんごを包む。
③4等分に切って器に盛り、①を添える。

肉のつまみ

蒸し鶏バンバンジー風

◆材料（1人分）

蒸し鶏……60g
きゅうり（千切り）……1／4本
ごまダレ……大さじ1
キムチの素……大さじ1／2
松の実……適量

◆作り方

①蒸し鶏を食べやすい大きさに手でさく。
②①、きゅうり、調味料をボウルで合わせる。
③器に盛り、松の実を砕きながら散らす。

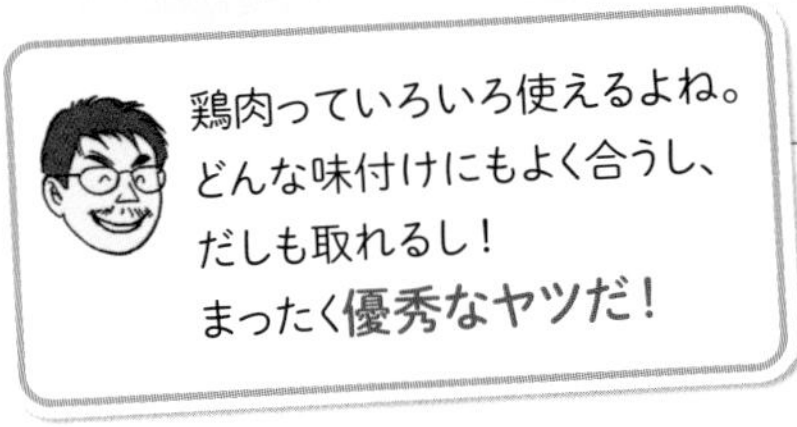
鶏肉っていろいろ使えるよね。
どんな味付けにもよく合うし、
だしも取れるし！
まったく優秀なヤツだ！

肉のつまみ

豚しゃぶ油淋

◆材料（1人分）

豚肉しゃぶしゃぶ用……100g
万能ねぎ・ニラ（各小口切り）……各適量
ぽん酢しょうゆ……大さじ1強
砂糖……大さじ1
ごま油……大さじ1弱
鶏ガラスープの素……適量

◆作り方

① ボウルにぽん酢しょうゆから鶏ガラスープの素までを入れて混ぜ合わせる。
② 豚肉をしゃぶしゃぶにして水気を切り、①に入れてよく混ぜる。
③ 器に盛り、万能ねぎ、ニラをのせる。

しゃぶしゃぶ用の肉はすぐに火が通るから、パパっと作るつまみにはぴったり。薬味にはねぎとニラをたっぷりと！

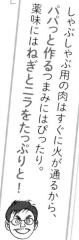

肉のつまみ

やみつきチャーシュー

◆材料（1人分）

チャーシュー……80g
長ねぎ（白髪ねぎにする）……1/2本
ザーサイ（千切り）……20g
ごま油……大さじ1弱
鶏ガラスープの素……大さじ1/2
しょうゆ……大さじ1/2
白ごま……適量

◆作り方

① チャーシューを食べやすく切ってボウルに入れ、ザーサイ、調味料を加えて全体を混ぜ合わせる。
② 器に盛り、白髪ねぎをのせる。

お気に入りのチャーシューを見つけたら、即やってみて！ そのまま食べるより、こっちのほうが絶対うまいから！

なにかもう一品、温かいつまみがほしい…と思ったときに。
もやしのシャキ感を残すのがコツ！

肉のつまみ

挽き肉ペペロンもやし

◆材料（作りやすい分量）

合挽肉……50g
もやし……100g
しょうゆ……小さじ1
創味シャンタン（中華だし）……大さじ1／2
サラダ油……適量
にんにく（みじん切り）……1かけ
鷹の爪……1／2本
塩・こしょう……各適量

◆作り方

① しょうゆと創味シャンタンを合わせる。
② フライパンにサラダ油、にんにくのみじん切り、鷹の爪を入れ、火にかける。
③ ニンニクの香りが立ったら、鷹の爪を取り出し、合挽肉を加えて炒める。
④ もやしを入れて全体を合わせ、調味料を加えて、塩・こしょうで味をととのえる。

ザーサイは細かく刻んだほうが、口当たりがいい。
この合わせ調味料、野菜や蒸し鶏にかけてもイケるよ。

豆腐のつまみ

チャイニーズやっこ

◆材料（1人分）

豆腐……1／4丁
ザーサイ（細かく刻む）……20g
万能ねぎ（小口切り）……少々
ごま油……小さじ1
しょうゆ……大さじ1強
砂糖……大さじ1／2
酢……小さじ1
松の実……適量

◆作り方

①豆腐は食べやすい大きさにカットして、キッチンペーパーで包んで水気を取る。調味料は混ぜ合わせる。
②器に豆腐を盛り、ザーサイ、万能ねぎをのせる。
③合わせ調味料を回しかけ、松の実を砕きながら散らす。

かけるオリーブオイルはちょっと高いやつを。どれだけ違うのかわからないけど、たしかに美味しい気がするよね。

豆腐のつまみ

イタリアンやっこ

◆材料（1人分）

豆腐……1/4丁
トマト（ざく切り）……1/4個
大葉（1㎝角に切る）……1枚
オリーブオイル……大さじ1弱
ぽん酢しょうゆ……大さじ1/2
塩・こしょう・パルメザンチーズ……各適量

◆作り方

①豆腐はキッチンペーパーで包んで水気を取り、食べやすく切る。オリーブオイルとぽん酢しょうゆは合わせておく。
②器に豆腐を盛り、塩・こしょうをふる。
③トマト、大葉を盛り付け、合わせ調味料を回しかける。仕上げにパルメザンチーズをふる。

豆腐のつまみ

チーズ豆腐

◆材料（1人分）

豆腐……1/4丁
クリームチーズ……20g
塩・はちみつ・こしょう……各適量
クラッカー……1枚

◆作り方

①豆腐は3等分に切って、キッチンペーパーで包んで水気を取る。
②器に盛って塩をふり、クリームチーズをのせる。
③はちみつを回しかけ、クラッカーを砕きながら散らす。仕上げにこしょうをふる。

豆腐にはちみつって意外かも知れないけど、チーズに合わせる感覚。一回食べてみて。

豆腐を焼いたり炒めたりするときは、
適度に水を抜くといい。
キッチンペーパーに包んで
軽い重しをすればOK。

豆腐のつまみ

豆腐の明太子グラタン

◆材料（1人分）

豆腐	1/2丁
明太子	25g
ゆで卵（輪切り）	1個
玉ねぎ（薄切り）	1/8個
マヨネーズ	適量
とろけるチーズ	2枚
大葉（千切り）	1枚
刻みのり	適量

◆作り方

①豆腐をキッチンペーパーで包み、軽めの重石をして冷蔵庫に10分ほど入れ、水分を抜く。

②豆腐を食べやすく切って耐熱皿に並べ、玉ねぎを散らす。

③ゆで卵、明太子を全体に散らし、マヨネーズをかける。

④とろけるチーズを全体にのせ、180℃のオーブンで10分焼く。仕上げに大葉、刻みのりを散らす。

中華だしはなにを使ってもいいけど、
僕は創味シャンタンを良く使います。
粉末タイプが使いやすいかな。

豆腐のチャンプル

◆材料（1人分）

豆腐……1/2丁
玉ねぎ（薄切り）……1/6個
にんじん（薄切り）……1/4本
長ねぎ（薄切り）……1/4本
ベーコン（1cm幅に切る）……40g
にんにく（みじん切り）……1/2かけ
鷹の爪……1本
卵……1個
ニラ（ざく切り）……適量
サラダ油……適量
創味シャンタン（中華だし）……適量

◆作り方

① 豆腐はキッチンペーパーで包んで水分を取る。
② フライパンにサラダ油、ベーコン、にんにく、鷹の爪を入れて火にかける。
③ にんにくの香りが立ったら、鷹の爪を取り出し、玉ねぎ、にんじん、長ねぎを加え、軽く炒める。
④ 豆腐を手で荒く崩しながら加える。
⑤ 水（分量外）で溶いた創味シャンタンを加え、ニラを入れ混ぜ合わせる。
⑥ 溶き卵を回しかけて全体を合わせ、卵が半熟になったら、器に盛り付ける。

旅の楽しみは、知らない味との出会い
どんな食材にも果敢にチャレンジ

講演会などで地方に行くことも多いのですが、旅の楽しみのひとつは、やはり「食」。出かけた先で名物を食べないなんて、もったいない。スケジュールの都合で日帰りということもありますが、時間があれば必ずその土地の味を楽しみます。ましてや旅だったら、観光地を巡って終わりではつまらないですね。

東京には世界の食材や料理が集まっているといわれますが、まだまだ東京では味わえない現地独特の食があります。地方色豊かな味わいは、好きになることも、なれないこともありますが、まずは食べてみないと、語ることもできません。それが地方に出かける大きな楽しみになっているのは、間違いありません。

出かける前には、訪問先にどんな食材や料理があるのか調べます。テレビ番組などで紹介されたものが頭に残っていることもあるので、それをキーワードにしながらインターネットで探したりもします。

講演会だと、現地で迎えてくれる方が「これが当地の名物です」なんて、食事する場所を選んでくれることも多いです。そうでなければ、地元の人におすすめの店を聞きます。知り合いになった地元の人から聞くおすすめは、けっこう信用できるかなと思いますから。

あと、必ずといっていいほど足を運ぶのは市場です。市場には東京ではなかなかお目にかかれない珍しい魚介類が並んでいることがあるので、とても興味深いのです。

以前、鳥取で見かけたのが、黄金ガニ。松葉ガニと紅ズワイガニの交配種で、希少種だそうです。漁獲量も少ないから、東京はおろか地元でも出回ることが少ないと聞きました。この黄金ガニが市場の水槽の中をゆうゆうと泳いでいました。弾力があって甘みがあると聞いて食べてみたかったのですが、残念ながらそのときは口には入りませんでした。次の機会には是非にと思っています。

鳥取に行ったときは、水木しげる先生の記念館にも足を運びました。旅先では「食」を楽しまないとつまらないと言いましたが、その地でこそ見られるもの、巡り会えるものにも積極的に足を向けます。

僕は同行者に勧められるままに写真に収まることが多いです。まあ、僕自身も楽しんでいますけどね。

水木しげる記念館（鳥取県境港市）で、一反木綿に乗ってパチリ。記念館内にはこうした撮影スポットがいくつもあって楽しい。

【沖縄の独特な食文化あれこれ】

市場と言えば、印象深いのは沖縄です。海流の影響で、東京では見られないような色鮮やかな魚介類がたくさん並んでいます。青色が目を引くアオブダイは、東南アジアの市場で見かけるような鮮やかさ。沖縄の県魚であるグルクンは市場では赤っぽいのですが、こちらも釣り上げたばかりは青いのだそうです。見た目には感激したのですが、残念ながら……というか、味のほうはどちらもあまり好きになれませんが。

沖縄には独特の食文化が根付いていますが、お祝いの席などで食べられるのがヤギを使ったヒージャー汁。骨付き肉や内臓などを煮込んでフーチバーと呼ばれるよもぎなどの香りの強い香味野菜を入れて、塩味で仕上げた料理です。

もちろん、食べてみました。ちょっと脂がきつくて、好みの味ではなかったけれど、沖縄では、ヒージャーグスイ（ヤギ薬）として珍重されてきたと聞き、とても興味を引かれました。ヒージャーは刺し身でも食べるそうです。機会があれば、チャレンジしてみようかなと思います。

それから、ナーベラー（へちま）をお味噌汁にしたり、味噌炒めにしたりします。僕はお味噌汁をいただいたのですが、どういう加減か、道端の砂埃を連想しまして。なるほど、これはこういう味なのかと、これもまた興味を持った次第です。

食べにくいもの、好きになれなかったものばかり並べてしまいましたが、ソーキは美味しいですね。麺類全般が好きなこともあって、ソーキそばはよく食べます。美味しい店のソーキそばは本当に美味しい。

【福岡はうまいものの宝庫】

福岡は親戚もいるし、知り合いも多いので、足を運ぶことが多い土地です。ラーメンも美味しいし、モツ鍋も美味しい。お気に入りの場所ですね。大勢で集まるときにモツ鍋を作ることがありますが、餃子の皮を入れる福岡流を取り入れています。うまいものを食べると、真似したくなる。この料理、家でなんとか作れないかなと考えるのも楽しい時間です。

福岡はかきもイケます。名産地と言われているのが糸島市。以前、大勢でかき小屋に行ったことがあります。かきシーズンの秋から春にかけて、漁港の埠頭沿いに店がずらっと並んでいるのですが、店に入るとかきが殻ごと山のように出てきて、銘々勝手に炭火で焼いて食べます。

炭の灰が飛ぶから、洋服につかないように注意しないといけないのですが、僕の行ったお店ではジャンパーを貸してくれました。だから記念写真を撮ったら、なにかのチームのようなお揃いの出

かき小屋では、山ほど出てくるかきを炭火で焼いて食べる。

で立ちに。こういうのもときには楽しいですね。

この店は好みの調味料を持ち込みOKというのが面白いシステム。もちろん、標準的なものは用意してありましたが、事前に知っていればなにか持ち込めたのだけど、それができなかったのはちょっと残念でした。

【とりあえず口にしてみるのが僕の流儀】

九州といえば思い出すのが、佐賀県の有明海。有明海は干満の差が大きいから干潮のときには沖合まで数キロにわたって干潟が続くのですけど、この海のシンボル的な魚といえばムツゴロウですね。蒲焼きで食べることが多いけど、これは、まぁ、うまいかな。

そのほかにも、有明にはいろいろな海の幸があって、とても面白い。

びっくりしたのは、ものすごく不気味な風貌の魚、ワラスボ。内臓を取り出して丸ごと干物にして炙ったり、揚げたりして食べるのですが、まる

糸島のかき小屋で記念撮影。みんなで貸してもらったジャンパーを着るとチーム感が出るね。

でエイリアンみたいな顔をしています。一説には映画「エイリアン」のモチーフになったとも言われているそうです。これは見た目はアレですけど、酒の肴としてはイケる味でした。

それからワケノシンノス。これはイソギンチャクですね。初めて食べたときはイソギンチャクって食べられるんだと驚いた記憶があります。

ワケノシンノスという呼び名は若者の尻の穴ということだそうで、「わけぇの尻の巣」がなまったのだそう。そんな名前を聞くとぎょっとするかもしれませんが、コリコリした食感の珍味です

そうそう、珍味といえば、なんといっても忘れられないのが長野。酒の肴に高級珍味を出してもらったのですけど、それが蜂の子と、いなごと、ざざむし。

蜂の子は普通に美味しいです。クリーミーでね、少しピーナツみたいな風味がします。いなごの佃煮は、形はまあちょっと……という感じですが、佃煮ですからうまいです。ただ、ざざむしは……。ざざむしというのは長野県の伊那市などの周辺で清流に住むカワゲラやトビゲラなどの水生昆虫の幼虫だそうです。河原で石を持ち上げるとそこに生息している生物ですね。

最初に見たときはさすがの僕も一瞬、躊躇《ちゅうちょ》しましたが、昔はタンパク源としてこういうものを食べていたんだなあと思いを馳せながら、いただきました。

こうやって書いてくると、どうやら僕は、地方に行くと食べたことのないものばかり選んで食べているようですね。

【長岡で出会った栃尾揚げはすっかりお気に入り】

何年前だったか、新潟の長岡市に花火を見に行ったときに出会ったのが、栃尾揚げ。びっくりするくらい大きな油揚げです。今ではあちこちのスーパーにも並んでいるので、知っている人は多いと思います。地方のグルメを紹介するテレビ番組なんかにもよく登場しますね。

当時はまだそんなに有名ではなくて、花火を見たあとで入った居酒屋で、名物だというから頼んでみました。〝名物〟と聞くと試さずにはいられないのが、僕の性です。そのときは表面をパリッと焼いて、刻みねぎをたっぷりのせたところに醤油を回しかけるというシンプルな食べ方でした。でも、これがうまくて、東京のスーパーで見かけると買うようになりました。

地元では「あぶらげ」と呼びます。「あぶらあげ」の音が詰まった言い方ですね。

栃尾揚げは大きくて厚みもあるのが特徴ですが、専用の生地を作って揚げるのだそうです。栃尾揚げの真ん中あたりに大き

上写真：栃尾の「あぶらげ」は、生地の段階から普通の油揚げよりも大きくて厚い。
下写真：最後に金串を挿して油切りする。

写真提供：栃尾観光協会／撮影協力：常太豆腐店

な穴が空いているのは、揚げたあとに金串などを刺して油切りをするから。決して不良品ではありません。むしろ、栃尾揚げの証明のようなものかも。

今は居酒屋などでも、半分に割って中にいろいろな具を挟んで焼いたメニューなどを見かけます。それも美味しいんですけど、家で食べるときは、両面を少し焦げ目がつくくらいにフライパンで焼いて、刻みねぎとしょうゆが定番。長岡でいただいたときのスタイルです。すぐできるし、すごくうまいし、言うことなし。

酒のつまみにするだけじゃなくて、食事のとき、主菜は決まったけど副菜をどうしようかなというときに選んだりもします。

【熊鍋に魅了され、わざわざ滋賀まで往復したことも】

いわゆるジビエも好きでよく食べます。知人にマタギの人がいるので、狩猟の話もよく聞きます。魚は漁をしたら船倉のいけすに入れたり、冷凍したり、あるいは神経締めをしたりしますが、熊やイノシシも同じようなものだそうです。いかに早く血抜きをするかが大切なのだとか。

熊鍋は何度も食べていますが、とくにうまいなと思ったのは、滋賀の比良山荘。京都から車で北へ、どんどん山中に分け入って行きます。まだかな、早く食べたいなという待ち遠しい気持ちがつのって、1時間の車中が長く感じますね。でも、この時間がまたいいわけ。この熊鍋を食べるためにだけ、わざわざ滋賀の比良山荘に行ってきたこともあります。

この店では、熊鍋のことを「月鍋」といいます。ツキノワグマを使っているからです。イノシシの鍋のことを「ぼたん鍋」といいますが、肉の色がぼたんに似ている説、加熱すると縮んでぼたんの花びらに似ている説、唐獅子牡丹説と、諸説あってちょっと気になります。

さて、「月鍋」は真冬の一時期、それも限られた量しかありませんから、とても貴重。熊肉、とくツキノワグマは、意外に思われるかもしれないけれど、脂があっさりしていて、とろけるような甘みがあります。鍋仕立てにすると深いコクがあるのに、後味は驚くほどすっきりなのです。そして、ワインと合わせて食べるのがお気に入りです。

この店には、琵琶湖のすっぽんのだしと熊肉を合わせた「月とスッポン鍋」というメニューもあります。聞いただけで食べたくなるネーミングです。

【高松のシメはカレーに麺。不思議だけどうまし】

地方へ行って仲間と飲んだあとは、たいていシメのラーメンを食べようということになります。もちろん、福岡ならお気に入りの長浜ラーメンは外せない。北海道ではシメパフェなんてのがあるくらいだし、飲んだあとに口直しがしたくなるのは僕だけではないでしょう。

でも、あれって不思議。いろいろ食べて飲んできたはずなのに、ラーメン屋についたら必ずビールと餃子を頼んでしまうのは、なぜなんでしょうね。「ビール!」って言って、餃子をつまみながらラーメンが出てくるのを待っている。もうお腹いっぱいのはずなのに……。

実は、飲んだあとのシメで驚いたのが香川県の高松。食事を兼ねた飲み会のあと、地元の人に紹介してもらったおしゃれなバーに行ったのですが、なんとシメはカレーそうめんだったんです。あとから聞いてみたら、高松の飲み会のシメはカレーうどん！ということで盛り上げ中なのだそうですが、この店では特徴を出すために、あえて太めのそうめんにしているそうです。

うどんはわかります。香川県はうどん県ですから。でも、なぜにカレーなんだろうと思いました。しかもこの店はバーです。バーにもシメの麺があるのかと感心しました。

この店では薄切りにしたローストビーフが、これでもか！というくらいのっていて、そこに細い芽ねぎをのせているのが美しい。ローストビーフが、太めのそうめんとも、カレースープともよく合うんです。このときもたくさん食べてきたはずなのに、ペロッと美味しくいただきました。

高松の「Barタビ式」で出会った、ローストビーフがたっぷりのったシメのカレーそうめん。ホントうまかった。

子どもの頃から鮎が好きだった
わが町・岩国は、鮎が自慢

鮎は日本の代表的な川魚。美しい姿で、清流の女王なんて呼ばれています。全国に鮎釣りの愛好家がいますね。

毎年、高知県友釣連盟が主催して四万十川でやっている利き鮎コンテストがあります。正式名称は「清流めぐり利き鮎会」。これはわが町自慢になるけれど、僕の出身地の山口県岩国市を流れる宇佐川の鮎は、この利き鮎コンテストで2回グランプリを取っています。準グランプリも1回。

姿の美しさ、香り、身の味や歯ごたえ、ワタの味、総合の5項目で評価するのですが、河川の名前を伏せて評価するから〝利き鮎〟なんです。それで2回もグランプリを取るなんて、すごいでしょう。鮎はコケを食べますから、コケや水の良さが関係するのでしょうか。宇佐川の鮎は美味しいですよ。本当に。

もちろん、子どもの頃からよく食べていました。塩焼きです。

しっかり塩をふった鮎は表面がパリッと香ばしく焼けて、ガブッと噛むとふんわりした身が口の中でほどける。鮎はいろいろな食べ方をしますが、僕は塩焼きが一番うまいと感じます。

鮎の漁期は6月から12月くらいですが、7〜8月の天然の若鮎はスイカのような香りがします。この香りがあるから〝香魚〟というのでしょう。鮎を食べるならこの香りも楽しまないともったいない。

ちなみに宇佐川は錦川の支流ですが、錦川には五連のアーチ型が美しい木造の錦帯橋が掛かっています。ここでは夏になると鵜匠が鵜を操って鮎を獲る鵜飼が行われますが、江戸時代、寛永年間から続いているそうです。

寛永年間といえば江戸の初期ですから、実に長い歴史がある。こんなに長い間、美味しい鮎がいるということは、変わらずに河川がきれいだということ。これもまたわが町自慢です。

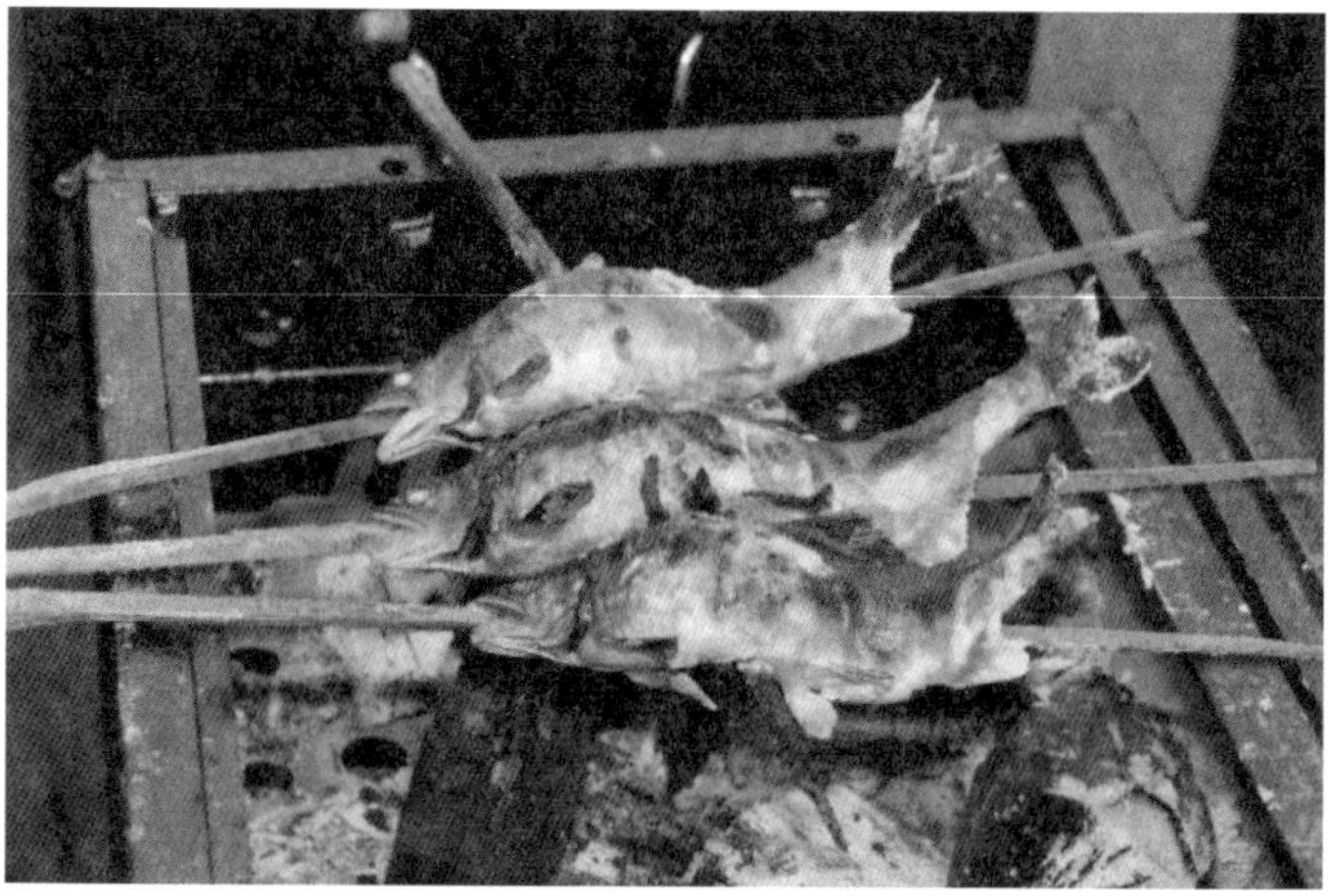

わがふるさと岩国は鮎が美味しい。鮎はやっぱり塩焼きだよね。
写真提供：岩国市産業振興部 商工振興課

【大人になって酒を飲むようになり、味覚が変わった

子どもの頃は鮎のワタの苦味が苦手でしたけれど、大人になると、これがまたいいなということになってきました。利き鮎コンテストでもワタの味という評価項目があるのですから、やっぱりワタは重要なのですね。

そして、鮎の珍味に、内臓を塩辛にした「うるか」があります。地元では雄鮎の白子で作る「白うるか」と、雌鮎の魚卵を使う「子うるか」が作られています。子どもの頃、親父がこれを酒の肴にしていて、あんまりうまそうにしているので、ちょっと味見をしたことがあるんです。でも、ただしょっぱいだけで、「なんでこんなものがうまいんだろう」って思いました。

ところが今では、僕も好きな酒肴のひとつです。箸の先にちょんちょんとつけてなめて、日本酒を口に運ぶ。うまいですよ、間違いない。酒の肴は、しょっぱくないといけませんね。まあ、食べ過ぎちゃだめですけど。

鮎のワタも、うるかも、今は大好きな酒肴です。お酒が飲めるようになると味覚って変わるんだなあと思いました。

茅乃舎で受けたサプライズもてなしに感動

料理にだしは欠かせない。全国で広く知られる「茅乃舎《かやのや》」のだしは僕もよく使います。あれは平成31年の春のこと。仕事で福岡に行ったとき、少し時間はかかるけど、いいお店があるから行きましょうと誘ってもらいました。

車に乗って、なんだかけっこう走るなあと思っていたら、どんどん自然豊かな風景になって。いったいどこに連れて行ってくれるんだろうと思っていたら、「さぁ、着きました」と言われたのが「御料理 茅乃舎」。

山の懐にいだかれた、大きな茅葺きの建物でした。福岡の繁華街から小一時間ほど。時間がゆったり流れているようなその雰囲気だけでも感激しましたが、お店に入ってみると、なんと島耕作のパッケージのだしがずらりと並んでいたのです。「おお！　これは！」とびっくりするやら、感激するやら。

もちろん、販売されているものではありません。パッケージには「茅乃舎ご来店記念」

と書かれていて、僕が行くことをお聞きになった社長さんが、急遽作って並べてくれたようです。僕ら一行に対するもてなしですよね。本当にありがたい。こういうちょっとした遊び心ってうれしいじゃないですか。

【学生 島耕作をあしらった「学生専用だし」】

そして、パッケージには「島耕作シリーズ連載36周年おめでとうございます。平成の、そして次世のますますのご活躍を茅乃舎一同、祈念しております」と記してくださっていました。

刻印されている日付は平成31年2月28日。このとき元号が変わることはすでに決まっていましたが、「令和」の元号が発表されたのが約ひと月後の4月1日ですから、どんな元号になるのかわかっていなかった。そこで、〝平成の、そして次世の〟として、長く活躍できることを祈念してくださったのです。

ちなみにパッケージになっているのは、「学生 島耕作」。未来に向けて歩きだそうという時代の島耕作を取り上げてくださったのもうれしい限りです。「学生

福岡の郊外に建つ「御料理 茅乃舎」　写真提供:久原本家 茅乃舎

専用だし」というのも、「なぜ、学生専用？」って頭をひねる感じが、なんだか楽しくなってきます。

茅乃舎さんでは、「御料理 茅乃舎」の横にひっそりと建っている、これまた茅葺屋根の別棟「楽舎《らくや》」で食事をいただきました。美味しく、そして楽しいひとときでした。

こんなご縁があったことから、茅乃舎のだしもよく使うようになっています。いろいろな種類がありますが、一番好きなのは「野菜だし」。コンソメふうの味で、パプリカやブロッコリー、ズッキーニなんかを煮ると、野菜の旨味が増す感じがしてとても美味しいし、スープとして飲んでもいいですね。

「御料理 茅乃舎」店内に飾られていた島耕作の特別パッケージ「学生専用だし」。歓迎の気持ちを込めて作っていただきました。

僕はいかにして料理の面白さに目覚めたのか

いつから料理に興味を持っていたのかというと、そうだなあ……子どもの頃から料理をしていた記憶がありますね。川で釣った魚を、自分でさばいていました。今は魚を釣っても放すフィッシングというのがありますが、昔は釣った魚は食べるのが当たり前でした。

僕は昭和22年の生まれです。戦地から戻ってきた親父は結核を患って入院していたのですが、しばらくして自宅療養になりました。ゆったり過ごすことと、適度に太陽の光を浴びることが必要だったらしく、毎週、近所の川に小学生の僕を釣りに連れ出してくれました。連れ出すといっても、川に行くと釣りをするのは僕だけで、親父は寝転がって見ているだけでしたけど。

【川原での調理が料理好きの原点】

出かける前、寄せ餌と釣り餌を作るのも僕の役目でした。寄せ餌は、さなぎ粉や酒粕などを混ぜて作り、釣り餌はサツマイモをつぶして小麦粉などを混ぜた練り団子を作ります。

魚が釣れると肥後守《ひごのかみ》で腹を割いてワタを取り出し、川の水で洗って塩焼きにしました。ハヤなどの小さな魚はワタを出したら小麦粉を振って油で揚げます。肥後守というのは折りたたみ式のナイフ。僕のような団塊世代以上の人はよく知っている道具です。鉛筆を削るのにも使いました。

さばくのも料理も、全部、川原でやっていました。親父が戦地で使っていた飯盒《はんごう》を持っていってご飯も炊いたし、ときには天ぷら鍋としても使いました。かまどの作り方や火の熾《おこ》し方、ご飯の炊き方、魚のさばき方などは全て親父から教わりました。

最初はあまりうまくできないけれど、毎週行っているうちにだんだん上手になって、楽しくなったのです。そんなことをしている子どもは、近所でも僕くらいだったんじゃないかな。

僕の料理好きの起源は、親父との川原アウトドア料理だったというわけです。いや、アウトドアというのは、現代っぽい言い方すぎますね。当時を振り返ると、サバイバルに近いかな。でも本当に楽しかったです。

【中学生になると弁当作りを】

僕が通っていた小学校には給食があったのですが、中学校のときは弁当になりました。うちは両親が共働きで忙しく、弁当は同居していた祖母が作ってくれました。でも、田舎のお嬢様育ちの彼女はあんまり料理が得意ではなかったようで、作ってくれた弁当の蓋を開けると、ご飯の上に焼きたらこがひとつポツンとのっかっているだけなんてことも多くて。なんじゃこれはと思いました。いや、作ってくれたことにはもちろん感謝していましたけど、中学生の男の子にとって、おかずがたらこだけでは全く物足りない。それで自分で作るしかないと思ったのです。

作るといったって、中学生ですから、魚肉ソーセージやハムを切って入れるとか卵焼きを作るとか、そんなものです。今なら野菜たっぷりにと思うところですが、その頃は色味がどうとか、栄養がどうとかまでは考えていませんでした。

買い物に行くわけでもありませんし。家にあるもの、冷蔵庫の中にあるものでなにか工夫する料理は、そのときに始まったんだと思います。

【大学時代はニューオータニでレストランのボーイ】

大学時代は学生寮にいたので、自分で料理をする機会はほとんどありませんでした。ただ、いろいろな料理にふれる機会はグンと増えました。自分たちで食べに行くのはもっぱら安くてボリュームのある料理の店。居酒屋で注文した枝豆の皮が残るのはもったいないから、どうにかして食べられないかと、仲間とあれこれ挑戦したのが思い出に残っています。

一方、ホテルニューオータニのレストランでボーイのアルバイトをしていたのですが、どれも美味しそうな料理ばかりで、できあがった料理を運ぶために受け取るときは、わくわくした気持ちになりました。もちろん、食べることはできませんが、一流の料理にふれる機会になったと思います。

ボーイなので厨房に入ることはできませんでしたが、よく調理風景をのぞいていました。料理人になりたいと思ったわけではありませんが、料理を見るのも、調理風景を見るのも好きでしたね。当時、アルバイトもいろいろあったのにボーイを選んだのは、そんなところにも理由があったのかもしれません。

【サラリーマン時代の最後の3か月で料理への関心が再燃】

大学を卒業して松下電器産業株式会社（現・パナソニック株式会社）に入って、最初の3年間は寮生活でした。ですから、やはり自分で料理をすることはほとんどありませんでした。夜食にカップラーメンを作るくらいのもので。

ところが、退社する3か月くらい前から、同期の男と一緒にアパート暮らしを始めたことが、僕の料理熱が再燃するきっかけとなりました。一緒に住むことになった奴が料理好きで、ご飯を炊いたり味噌汁を作ったりするので、僕も作るようになったのです。

最初は昔の記憶を掘り起こして、簡単な炒めものなどを作っていましたが、だんだん、いろいろな料理に幅を広げていったのです。

食べたいから作るというよりは、作ったことのないものに挑戦するという感じです。例えば煮魚。当時はカレイの煮付けもサバの味噌煮も、食べたことはあるけど、作ったことはなかった。よし、やってみようというわけです。

料理本を見ながら作るのですが、思うような味になったり、ならなかったり。ちょっとした火加減や調味料を入れるタイミングの違いだったりするのでしょうけど、うまくできたときはうれしい。失敗しながらも、だんだんコツを覚えて上手になっていくのは楽しいものです。考えてみれば、こういうところは小学生の頃から変わっていないんですね。

サバの味噌煮ならサバを一度湯に通して霜降りをすると臭みが消えて美味しいとか、キンメダイは煮たあとで一度冷まして、再度火を入れると美味しいなどというコツは、あとからプロの料理人に教わりました。

プロに直接聞く機会はなかなかないと思いますが、今はインターネットで動画が見られたり、コツを教えてくれるサイトがあったりするので、とても手軽に情報が得られるからいいですよね。

もし食品業界に勤めていたら食品関係の漫画を描いていたかも

実は僕、松下電器産業を辞めるとき、お別れの会かなにかの席で、その後の仕事について第1志望は漫画家で、第2志望はチーズ職人と言ったような記憶があるんです。フランスのロックフォールに行って青カビチーズを作るんだ、みたいなことをね。

そもそも大学時代、卒業したら普通のサラリーマンになるか、漫画家になるか、どちらかだなと思っていました。ですから、退職時に漫画家になるというのは、ある意味、初志貫徹というところがありました。

でも、なぜ第2志望がチーズ職人と言ったのかというと、その少し前に観たテレビ番組あたりが影響していたのだろうと思います。美味しそうなチーズの映像が、強く印象に残っていたのでしょう。チーズは置いておいても、食に関連した仕事をしてみたいという気持ちはずっと心の中にありました。

もしかすると、大学を卒業したとき、電気業界ではなく食品関連の業界に進むという選択もあったのかもしれません。そうしたら、食品関連の会社を題材にしたサラリーマン漫画を描いていたかもしれないなと思います。

僕はサラリーマンを題材にした漫画を描いていますが、コミュニケーションの中で食事というのは欠かせないので、食事のシーンを描くことが多いです。もし、食品業界に勤めた経験があったら、もっと食に寄ったものになっていたかもしれません。

【スーパーは都会の中で季節感を感じられる場所】

食品関連の企業といってもいろいろありますが、スーパーマーケットもそのひとつですね。店や立地によって品揃えが違ったり、同じような商品でも値段が違ったりするのは興味深い。僕の仕事場は東京の練馬区にあって、アシスタントたちとの食事のための買い物は近所のスーパーに行くのですけど、練馬区という土地柄か、採れたての

ある日のスタジオ飯。肉じゃが、サラダ、まいたけの味噌汁、自家製きゅうりの糠漬け、高菜の煮物。
野菜をたっぷりとるように心がけている。

地元野菜なんていうのもよく並んでいます。練馬ってこういう野菜を栽培しているのかと感心することも多いです。

一方、都心のスーパーに行くと、「えっ！」と驚くような値段の商品が並んでいたり、海外の調味料などもあったりして、これもまた面白い。

なによりスーパーは並んでいる食材で季節感がわかるのが楽しいんです。春になると菜の花が並ぶし、ソラマメが出始めたら「ああ、夏だな」と思います。

僕の大好きな枝豆やとうもろこしも夏の食べ物。クリだのカキだのが並び始めたらもう秋ですし、白菜がたくさん並ぶのは冬の知らせ。もちろん、栽培方法を工夫して本来の季節を先取りしたり、一年中手に入るようになった食材もありますが、店頭の野菜や果物を見て季節を感じます。

ほとんど毎日のようにスーパーに行くからこそ、少しの変化でも感じられる。本来は自然の変化で感じ取れていた季節の移り変わりは、残念ながら都会ではなかなか肌で実感することは難しくなりました。でも、スーパーに行くだけでリアルに感じ取ることができるのです。

そして旬のお手頃で美味しい野菜で、なにを作ろうか、食べようかと考えるのがまた楽しい。「あ、新玉ねぎの季節だな。これを薄くスライスしてサラダにしよう」とか、「秋みょうがが出ているな。ほかにも薬味を買って麺類でも食べようか」とね。

地方に行くと必ず市場に行くと書きましたが、スーパーにも行きます。地元の野菜なんかを見るのが好きですね。

今は道の駅が至るところにあって、地元の農家の方が育てた、地元でしか流通していないような野菜が並んでいるのを見るのもまた楽しいものです。どんなふうに料理して食べるとうまいかを聞いて、買って帰ることもあります。

【時短でうまいものを食べるならレトルト調味料】

スーパーでは、レトルト調味料もよく買います。レトルト調味料というのは、パックなどに入った合わせ調味料です。今は韓国料理とか東南アジアの料理のものも増えましたけど、僕がよく使うのは、「麻婆豆腐の素」とか「青椒肉絲の素」とか、中華料理系が多いですね。好きなのは、味の素のクックドゥ©。味の素は冷凍餃子もすごく美味しいからよく利用しています。味の素のその部署の人たち、とってもがんばっている気がしますね。

そうだ、僕が松下電器産業じゃなくて、もし味の素に入社していたら…と妄想すると、なんだか面白いですね。

おっと、閑話休題。

例えば、「麻婆豆腐の素」は、豆腐で使うだけでなく、たけのことかピーマンとかの野菜に使ってもいいと思います。「麻婆茄子の素」という別の商品もあるけれど、「麻婆豆腐の素」で麻婆茄子を作ったっていい。もちろん、開発した人は、それぞれ専用に美味しくなるように考えているのだろうけど、使う側のアイデアで変えたって悪いことじゃないと思います。アレとコレを合わせようかなと考えるのは楽しいし、ちょっと実験みたいで面白いじゃないですか。

麻婆豆腐や麻婆茄子を作るときは、仕上げに知り合いの中華料理人からいただいた花山椒を入れるのが僕の定番。これで本格的な旨辛味になって、食が進みます。

クックドゥ©といえば、チューブ入りの調味料の「香味ペースト」も便利だからよく使っています。ご飯にハムと卵くらいがあれば、チャーハンが簡単に美味しく作れるし、肉や野菜を炒めるときに加えるだけでけっこう美味しい中華風の味付けになります。ここに八角粉とか五香粉とかをちょいちょいっと入れると、さらに本格的な中華の味わいに。

ほかには、炒めもののときなどに塩麹もよく使います。塩の代わりに使うのがコツ。

自宅で手早く美味しいものを作って食べたいなら、市販の調味料を使うべきですね。

あとは香辛料をいろいろ試して、好きな味のものを揃えておくのもいいと思います。

ちょっとしたひと工夫で、お店で食べるような味を再現できるから楽しくなります。

【ときに作ってみる特製の濃厚昆布だし】

市販の調味料では茅乃舎さんのだしをよく使っています。あとは顆粒だしなどをよく使いますね。料理にだしは必要ですが、いつもイチからだしを取らなくたっていいと思っています。パパっと作りたいときは市販のだしにおまかせでいいのです。僕がよく使うのは、中華の鶏ガラスープの素。必ずしも中華料理じゃなくても、あれこれ使えて便利な万能調味料だと思っています。

でも、たまには本格的にだしを取って料理をしたいというときもあります。だしが美味しいと、魚や野菜を入れてひと煮立ちさせるだけでごちそうになったりしますから。それに昆布だしは健康効果もあると聞くので、そのまま飲んだりすることもあります。一説によると、良い昆布のだしは整腸剤を飲むより腸をきれいにしてくれるそうです。そんなことを聞くと、美味しいうえに健康にいいならやってみようとなるじゃないですか。

さて、うちの定番の濃厚昆布だしを紹介しておきましょう。

土鍋に鍋いっぱいの昆布を入れて水を加えて、トロ火にかけます。大量の昆布と水、ただそれだけ。昆布がトロッとするまで煮詰めたら完成です。だしというか、昆布汁というほうが正しいかもしれません。

これ、旨味が半端ないし、塩を入れていないのにほんのり塩味がして抜群の美味しさです。ポイントは良い昆布を使うことです。せっかくなので、ここはケチらないほうがいいです。

だしが取れたら、ふくらんだ昆布は取り出します。刻んでひじきや人参などと一緒に炒めて食べられるので、無駄もありません。ちなみにこのとき昆布は表面にぬめりが出ていて滑るので、イカソーメンを作るときの要領で包丁を立てて引くと上手に切れます。

僕は、水を入れたポットに昆布と煮干しと干し椎茸を入れるだけの簡単万能だしも使いますが、この濃厚昆布だしは、昆布だけで作るのが正解。煮干しや干ししいたけはもちろん、かつお節やしじみなどを加えると、なぜだかバランスが崩れてしまうように感じるのです。

ワインと島耕作
仲間と盛り上がる楽しい時間

僕はワインが好きで、何冊か本を書いたこともあるし、島耕作には部長時代にワイン事業に乗り出すというチャレンジもさせました。

ワイン好きはワイン好きの仲間を呼ぶようで、いろいろなワイン会に行ってたくさんの人達と出会い、いろいろな話を知ることができました。ワイン会のときは、だいたい蘊蓄《うんちく》の語り合いになります。お互いに知識や感想を披露したい人たちの集まりですから。ワイン好きはたいていそうです。でも、それができるのがたまらず楽しい。

【ワインそのものを楽しむか、食事や会話も楽しむか】

やっぱりワインにはチーズが鉄板の組み合わせですね。サラミなどが合うワインもあります。

（左頁）市販された「島耕作」ワインは12種類。右端の風花凛子ラベルは、ワイン醸造家のパスカル・マーティさんが来日された際のイベント用限定品。

でも、本当にいいワイン、というか、高級なワインを飲むときは、つまみはごくごくシンプルなものでいいと思います。ワインを味わうためだけもの、例えばパンとチーズさえあればそれでいいのです。

高級なワインを開けるとき、美味しい食事を楽しみたいという気持ちもあります。でも、そうすると食事にも興味が行ってしまうので、ワインに集中できなくなってしまうんです。一緒にテーブルに着く人たちとの会話も、ワインに限定されることなく広がってしまいやすい。

だから、ワインそのものを楽しむなら少人数で、パンとチーズだけ。食事と合わせてワイワイ楽しみたいなら、メンバーに合わせたリーズナブルなワインを開けるというのがいいんじゃないかと思うわけです。

家で飲むときはお手頃価格のワインです。ひとりで飲むのに高級ワインを開けるのはちょっともったいない。ワインがわかる人と感想を言い合いながら、じっくり飲みたいですから。いいワインはワイン好きな人と、「これはアタックがすごいな！」なんて言いながら、蘊蓄も傾けながら飲むのがいいのです。

写真は、２０１８年に「島耕作」シリーズの35周年を記念して作った限定ラベルのワイン。ヤング時代から、課長、部長、取締役、常務、専務という各年代の島耕作と、彼を取り巻くキャラクターたちのイラストを入れたものです。こうして並べてみるとなかなか壮観ですね。１本３０００円から１万７０００円まであり、現在市販されています。

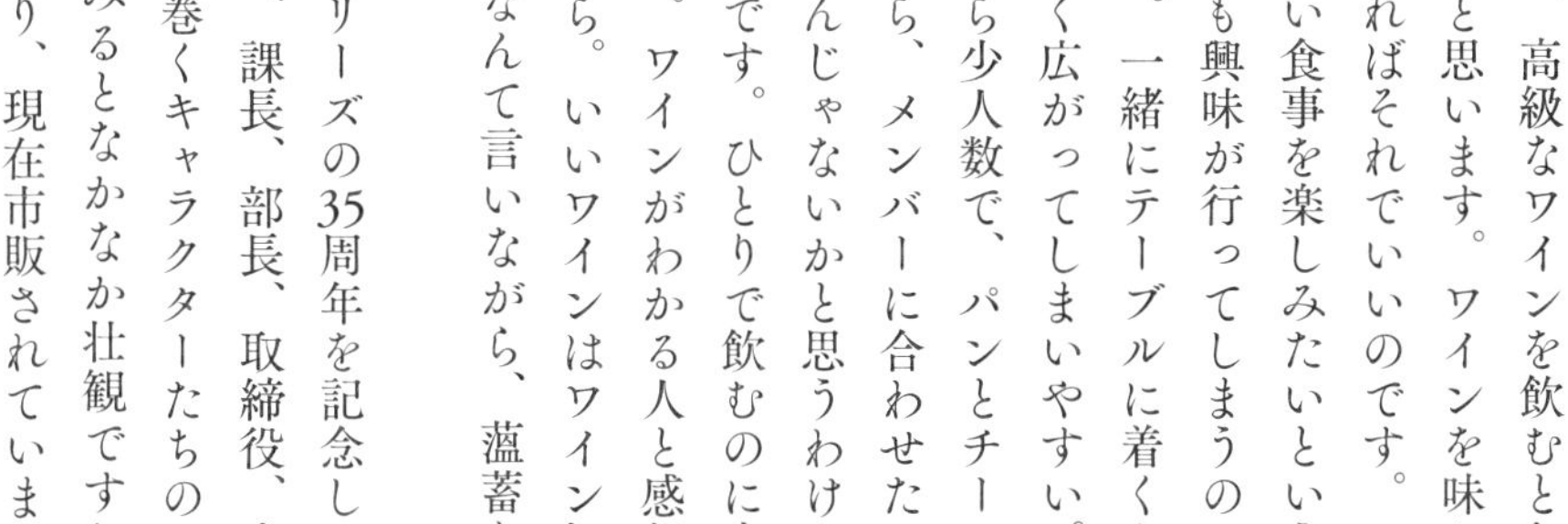

日本酒は、わが町・岩国の「獺祭」がお気に入り

若いときはもっぱらウイスキーやブランデーなどの蒸留酒派でしたが、だんだんビール、ワイン、日本酒の醸造酒派になってきました。もちろん、今でもウイスキーやブランデーも飲みますけどね。

日本酒といえば、僕のイチオシはわが町・岩国の旭酒造の「獺祭」。澄んだ味わいで、体の中にスーッと染み透るように感じます。とくに「獺祭早田」は、抜群です。

「会長島耕作」のときに、島耕作が「喝采」という日本酒作りをするという話を描いたのですが、そのモデルはもちろん「獺祭」であり、旭酒造さんです。2016年頃に取材をさせていただき、会長の桜井博志さんと、息子さんで社長の桜井一宏さんにはお世話になりました。

【島耕作が復興支援のお手伝い】

その旭酒造さんが２０１８年7月の西日本豪雨で被災され、浸水被害を受けました。３日間も停電してしまい、発酵中だったタンク１５０本分のお酒が「獺祭」としては販売することができなくなってしまったのです。でも、どうにか復興支援に繋げられないかと旭酒造さんと話し合って、味的にはほとんど変わりがなかったので、販売しようということになりました。四合瓶で65万本の「獺祭　島耕作」が誕生。販売価格から２００円を復興支援に充てることになりました。なんと発売半日で完売!!多くの方に購入していただき、被害にあった県に支援を届けることができました。

この年は、ちょうど「島耕作」シリーズ35周年の記念イヤーでもありました。ワインと日本酒のラベルに島耕作が同時に登場することになるとは、僕自身、びっくりしました。

西日本豪雨被災者復興支援
純米大吟醸
獺祭 島耕作
720ml
島耕作
©弘兼憲史／講談社
通常のブランドで出せなくなった純米大吟醸酒を「獺祭 島耕作」として、販売いたします。
故郷の被害に心を痛めていた弘兼氏が、以前より旭酒造との親密な付き合いがあったことから実現した、被災者支援の企画です。
旭酒造株式會社

西日本豪雨の被災者支援のために発売された「獺祭 島耕作」。売上の一部、約1億1600万円が山口、広島、岡山、愛媛の被災4県に贈られた。

旭酒造の桜井さんとは同郷ですが、実は最初に顔を合わせたのは地元ではありません。しかも息子さんの一宏さんと知り合ったほうが先で、その場所はなんとニューヨーク。若手の起業家が集まる会で講演させてもらったのですが、その会に一宏さんが出席されていたのです。

その後、博志さんとも縁が繋がって、島耕作の誌面作りだけでなく、復興支援にも携わることができたというのは不思議なご縁だなと思っています。

旭酒造の社長・桜井一宏さんと。

ホイルで包んで焼くだけの楽ちんつまみ。
きのこって、違う種類を混ぜて料理すると
なぜかうまいんだよね。

きのこホイル焼き

◆材料（作りやすい分量）

しめじ・えのき・まいたけ……各1／2パック
長ねぎ（斜め切り）……1／3本
ベーコン（1cm幅に切る）……20g
にんにく（みじん切り）……1かけ
バター……10g
白だし……小さじ2
レモン汁……適量

◆作り方

①きのこは食べやすく割く。
②アルミホイルに長ねぎ、ベーコン、にんにくを入れ、バターをのせて、白だしとレモン汁をかけて包み、180℃のオーブンで10分焼く。

野菜のつまみ

じゃがいもサラダ

◆材料（作りやすい分量）

じゃがいも（メークイン）……2個
マヨネーズ……大さじ3強
粒マスタード……小さじ1
くるみ（粗くくだく）……適量
ツナ缶……30g
万能ねぎ（小口切り）……適量

◆作り方

① じゃがいもは洗ってラップで包み、電子レンジ（600W）で柔らかくなるまで約3～5分加熱する。皮をむいて粗くつぶし、冷ましておく。
② ボウルに①とマヨネーズ、粒マスタード、くるみ、ツナを入れ混ぜ合わせる。
③ 器に盛り、万能ねぎを散らす。

粒マスタードが入ると、
つまみ感が増して、
お酒に合うポテトサラダになるよ。
くるみを入れるのもポイント。

ベーコンとにんにくの香りを移した
オイルをジャッと回しかけるだけ。
ほかの野菜でも試してみて!

野菜のつまみ

ほうれん草サラダ

◆材料(作りやすい分量)

ほうれん草……1/4束
プチトマト(半分に切る)……3個
ベーコン(1㎝幅に切る)……20g
オリーブオイル……大さじ2・1/2
にんにく(薄切り)……1かけ
オイスターソース……小さじ1
酢……小さじ2

◆作り方

① ほうれん草は3㎝長さに切り、水にさらす。
② フライパンにベーコン、オリーブオイル、にんにくを入れて弱火にかける。
③ にんにくの香りが立ったら調味料を加えて全体を合わせる。
④ 器にほうれん草とプチトマトを盛り、③を回しかける。

塩昆布きゅうり

◆材料（1人分）

きゅうり……1/2本
塩昆布……5g
クリームチーズ……20g
ごま油……小さじ1

◆作り方

①まな板の上できゅうりを麺棒で叩いて食べやすく割る。
②ボウルで全ての材料を合わせて、器に盛る。

塩昆布と合わせるときは
包丁で切るより**麺棒で叩いて**
粗く割ったほうが、
味が絡みやすいのでおすすめ。

野菜のつまみ

野菜スティック

福岡に親戚がいるので
明太子はよく使います。
明太マヨは野菜が美味しく
食べられるよね。
他のディップもお試しあれ。

◆材料（作りやすい分量）

きゅうり……1/2本
パプリカ赤・黄……各1/4個
セロリ……1/2本
にんじん……1/4本

明太ディップ 明太子30g、マヨネーズ大さじ2・1/2

梅ディップ 梅ピューレ大さじ1弱、かつお節・だし各適量

みそディップ みそ大さじ1/2、マヨネーズ大さじ2・1/2、ごま適量

カクテルソース マヨネーズ大さじ2弱、ケチャップ大さじ1強、チリソース大さじ1/2

◆作り方

① 野菜はそれぞれスティック状に切り、水にさらしておく。

② 調味料を合わせ、4種類のディップを作る。

③ 器に盛り、ディップを添える。

ワインに合うつまみ

クリームチーズとのり佃煮

◆材料（1人分）

クリームチーズ……60g
ごはんですよ……10g
プチトマト……3個
オリーブオイル……適量

◆作り方

①クリームチーズ、プチトマトは食べやすく切る。
②ボウルに全ての材料を合わせ、器に盛る。

"ごはんですよ"とクリームチーズとのまさかの出合いなんだけど、**外国の方にもウケる**はず（弘兼調べ・笑）。

ワインに合うつまみ

あさりの白ワイン蒸し

◆材料（1人分）

あさり……150g
プチトマト（食べやすく切る）……3個
オリーブオイル……大さじ2弱
鷹の爪……1／2本
白ワイン……30cc
レモン汁……適量
白だし……小さじ1
バゲット……適量

◆作り方

① フライパンにオリーブオイル、あさり、プチトマト、鷹の爪、白ワインを入れ火にかけて、ふたをする。
② あさりが開いたら、レモン汁、白だしを加えて全体を合わせる。
③ 器に盛り、焼いたバゲットを添える。

あさりのうま味が出たスープを**バゲットにたっぷり**染み込ませて食べるのが好き！
つい食べすぎてしまうよ。

白菜って、**和風ロメインレタス**みたいな感じだよね……
というイメージから生まれたつまみ。
和洋折衷のホットサラダ。

ワインに合うつまみ

焼き白菜シーザーサラダ

◆材料（作りやすい分量）

白菜……1/4束
ベーコンスライス（1cm幅に切る）……3枚
オリーブオイル・シーザードレッシング・フライドオニオン・パルメザンチーズ・黒こしょう……各適量

◆作り方

① フライパンにオリーブオイルとベーコンを入れて火にかけてベーコンをカリッと焼き、キッチンペーパーに取り出す。
② 白菜は根の部分を除き、大きめに切る。①のフライパンで焼き色がつくまで焼く。
③ 白菜を器に盛り、ドレッシングを全体にかけ、ベーコン、フライドオニオンをのせ、チーズ、黒こしょうをふる。

ワインに合うつまみ

コンビーフポテト

◆材料（作りやすい分量）

冷凍ポテトフライ……100g
コンビーフ……1／2缶
ケチャップ……大さじ1／2
チリソース……大さじ1強
揚げ油……適量

◆作り方

①ポテトフライを油で揚げ、ボウルでコンビーフと合わせる。
②調味料を合わせる。
③①を器に盛り、調味料を添える。

コンビーフ、大好き。
とくに**腰塚のコンビーフ**。
熱々のご飯にのせて
卵の黄身を落とすとね、
泣くほどうまいんだ！

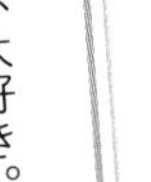

ワインに合うつまみ

コンビーフカナッペ

◆材料（作りやすい分量）

コンビーフ……1缶
きゅうり（1㎝弱の角切り）…1／3本
マヨネーズ……大さじ1強
黒こしょう・クラッカー……各適量

◆作り方

① ボウルに材料を全て入れ、混ぜ合わせる。
② 器に盛り、クラッカーを添える。

コンビーフにきゅうりの**カリカリ食感**が加わると、なんだか**エンドレス**に食べられそうな気がしてくる。

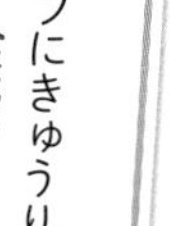

ワインに合うつまみ

カマンベールとりんごのカナッペ

◆材料（1人分）

カマンベールチーズ……60g
りんご……1/4個
くるみ（粗く砕く）……適量
はちみつ・黒こしょう・クラッカー……各適量

◆作り方

①カマンベールチーズとりんごは1㎝弱の角切りにする。
②ボウルに①とくるみ、はちみつ、黒こしょうを入れて混ぜ合わせる。
③器に盛り、クラッカーを添える。

りんご、くるみ、はちみつ、黒こしょうを混ぜることでちょっと複雑な味わいに。あとを引く味になるんだ。

これを“**王道つまみ**”と言わずになんとする！
クリームチーズを**バターの半量**加えるところが、
コツ……かな！

洋酒に合うつまみ

レーズンバター

◆材料（作りやすい分量）

バター……50g
クリームチーズ……25g
レーズン……30g
ウイスキー……大さじ1
クラッカー……適量

◆作り方

①バター、クリームチーズを細かく切ってボウルに入れ、混ぜる。
②①にレーズン、ウイスキーを入れよく混ぜる。
③器に盛り、クラッカーを添える。

洋酒に合うつまみ

スモークサーモンオレンジ

◆材料（作りやすい分量）

スモークサーモン……6枚
オレンジ……1／2個
レタス（食べやすく切る）……1／2枚
プチトマト（食べやすく切る）……2個
オリーブオイル……適量
イタリアンパセリ（刻む）……適量

◆作り方

①オレンジは皮をむき、薄皮も取る。
②器にスモークサーモン、オレンジ、レタス、プチトマトを盛り、オリーブオイルを回しかけ、イタリアンパセリを散らす。

スモークサーモンは、**オレンジと組み合わせる**と、**ワンランクアップ**したような味わいになるよ。お試しあれ。

洋酒に合うつまみ

スモークポテトサラダ

◆材料（作りやすい分量）

ポテトサラダ（市販品）……150g
燻りがっこ（細かく刻む）……30g
オリーブオイル……適量
クラッカー……1枚

◆作り方

①ポテトサラダに、燻りがっこを合わせ、器に盛る。
②オリーブオイルを回しかけ、砕いたクラッカーを散らす。

居酒屋で食べて美味しかったメニューを**弘兼流にアレンジ**。**燻りがっこ**はチーズと合わせると日本酒にも合うよ。

洋酒に合うつまみ

生ハムトマトピンチョス

◆材料（1人分）

生ハム……1・1/2枚
プチトマト……3個
オリーブ……3個
ピクルス……3個

◆作り方

①プチトマトに生ハムを巻き、オリーブ、ピクルスとともにピックにさす。

つまみは**見た目も大事**！
ちょっとした手間を惜しまないのも、美味しく食べて飲むコツだよね。

洋酒に合うつまみ

スパイシーナッツ

◆材料（作りやすい分量）

ミックスナッツ……100g
オリーブオイル・カレー粉・黒こしょう・塩……各適量

◆作り方

①フライパンにオリーブオイル、カレー粉を入れて火にかけ、香りが出るまで熱する。
②ミックスナッツを加え、塩、黒こしょうで味をととのえる。

市販のミックスナッツがひと手間で、
自分好みの味わいナッツに大変身！
スパイスを変えて試しても面白いよ。

ビールに合うつまみ

枝豆の山椒ホイル焼き

◆材料（作りやすい分量）

冷凍枝豆……200g
塩・山椒……各適量
ガーリックオイル……大さじ2弱

◆作り方

①枝豆に塩、山椒、ガーリックオイルを絡め、アルミホイルで包む。

②180℃のオーブンで10分ほど焼く。ガーリックオイルのにんにくの香りが出てきたら完成。

皮のまま焼くと、
豆が蒸し焼きになって、
ホクホクになるんだ。
フライパンで焼いてもいいよね。

ちりめんピーナッツ

◆材料（作りやすい分量）

ピーナッツ……70g
ちりめんじゃこ……10g
しょうゆ……大さじ1／2
砂糖……大さじ1・1／2
黒七味……適量

◆作り方

①フライパンに黒七味以外の材料を入れ、軽く炒める。
②器に盛り、黒七味をふる。

京都・祇園の原了郭の
黒七味が美味しくてさ！
全体が渾然一体となった
風味が絶品。
なんにでも合うんだよ。

ビールのつまみにビール衣揚げ。
そりゃ合うでしょ、なんて言ってないで、
食べてみてよ。

ビールに合うつまみ

季節野菜ビール衣揚げ

◆材料（作りやすい分量）

ビール衣 ビール130cc、小麦粉70g、片栗粉30g、塩適量
しいたけ……2枚
パプリカ赤・黄……各1／4個
小麦粉……適量
さきイカ……適量
粉チーズ・塩・黒こしょう…各適量
海老……3本
カレー粉・塩……各適量

◆作り方

① 衣を作る。ボウルに小麦粉、片栗粉、塩を合わせ、ビールを注いで混ぜる。
② しいたけ、パプリカは食べやすく切って小麦粉を薄くはたいて、衣をつけて揚げる。
③ さきイカは粉チーズ、塩・黒こしょうをまぶし、衣をつけて揚げる。
④ 海老はカレー粉と塩を軽くふり、衣をつけて揚げる。

日本酒に合うつまみ

蒸し鶏柚子こしょう

◆材料(作りやすい分量)

蒸し鶏(手で割く)……80g
みょうが(薄切りにして水にさらす)……2個
万能ねぎ(小口切り)……適量
ごま油・柚子こしょう・白だし……各適量

◆作り方

① ボウルに万能ねぎ以外の材料を合わせて、器に盛り、万能ねぎを散らす。

柚子こしょうって、
知ってる?
こしょうは1粒も
入っていないよ。
辛いのは唐辛子。

するめの日本酒炙り

◆材料（作りやすい分量）

するめ……1枚
日本酒・マヨネーズ・黒七味……各適量

◆作り方

①するめに日本酒をぬり、火で炙る。
②器に盛り、マヨネーズ、黒七味を添える。

これ、本当は手焙りかなんかを
目の前に置いといて、
飲みながら炙ってかじるのが
しみじみして良いんだよね。

買ってきた刺し身は、ただ器に並べるんじゃなくて、ひと工夫で、ぐっと華やいだつまみになるよ。

日本酒に合うつまみ

刺身梅わさび

◆材料（作りやすい分量）

- 白身魚（タイ）刺し身……6切れ
- みょうが（千切りにして水にさらす）……2本
- 貝割れ菜（食べやすく切る）……1/4パック
- 大葉（千切り）……2枚
- 梅ピューレ……大さじ1/2
- かつお節……適量
- みりん（煮切り）……大さじ1強
- しょうゆ……小さじ1
- 練りわさび……少々
- 刻みのり……適量

◆作り方

①みょうが、貝割れ菜、大葉をざっくり混ぜ合わせる。

②調味料を全て合わせ、タイを加えて混ぜ合わせる。

③器に盛り、①の野菜、刻みのりをのせる。

日本酒に合うつまみ

油揚げみそ焼き

◆材料（作りやすい分量）

油揚げ……1枚
合わせみそ……大さじ1強
みりん……大さじ1／2
砂糖……大さじ1
マヨネーズ……大さじ1弱
ごま・山椒……各適量

◆作り方

① 調味料を全て合わせる。
② ①を油揚げにぬってグリルで焼く。
③ 食べやすく切って盛る。

栃尾揚げ（39ページ）も好きだけど、普通の油揚げも好き。香ばしく焼くだけで美味しいつまみだよね。

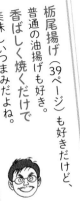

板こんにゃくを**ねじりこんにゃく**にして、
だし汁としょうゆで**カリカリ**になるまで
炒めたのも美味いよ。

日本酒に合うつまみ

こんにゃくぺぺろん

◆材料（作りやすい分量）

糸こんにゃく（太いもの）……150g
ちくわ（斜め輪切り）……2本
サラダ油……適量
にんにく……1かけ
鷹の爪……1本
めんつゆ（ストレートタイプ）……大さじ1／2

◆作り方

①フライパンにサラダ油、つぶしたにんにく、鷹の爪を入れて弱火にかける。

②にんにくの香りが立ったら鷹の爪を取り除き、水を切った糸こんにゃく、ちくわを入れて炒める。

③めんつゆを回しかけ、全体を混ぜ合わせる。

ご飯ナシのトロたくは、
あんまり腹にたまらないから、いいつまみになる。
卵黄ナシでさっぱり食べてもいいね。

日本酒に合うつまみ

トロたくのり巻き

◆材料（作りやすい分量）

マグロ……100g
たくあん……40g
きゅうり……1/3本
みょうが……2本
大葉……1枚
貝割れ菜……1/4パック
めんつゆ（ストレートタイプ）……適量
卵黄……1個分
焼きのり……適量

◆作り方

① マグロは包丁で細かくたたく。

② たくあん、きゅうり、みょうが、大葉はみじん切りにして、ボウルに①とともに入れ、めんつゆを加えて全体を混ぜ合わせる。

③ 器に盛り、中心をくぼませて卵黄を盛り、貝割れ菜を散らし、焼きのりを添える。

シメの夜食

ヅケ茶漬け

◆材料（1人分）

ご飯……100g
タイの刺身……4切れ
みょうが（千切りにして水にさらす）……1本
万能ねぎ（小口切り）……適量
ごまダレ……大さじ1
ごま油……適量
めんつゆ（ストレートタイプ）……大さじ1／2
練りわさび・刻みのり……各適量
白だし……各適量

◆作り方

①ごまダレ、ごま油、めんつゆを合わせる。
②①にタイの刺し身を漬ける。
③器にご飯を盛り、②のタイ、みょうが、万能ねぎをのせ、練りわさびと刻みのりを添える。
④白だしをお湯で割り、③にかけて食べる。

野菜はあるものを
使ってOK。
美味しいキムチを
使うのが満足への近道！

シメの夜食

即席クッパ

◆材料（1人分）

ご飯……100g
小松菜……1房
玉ねぎ（薄切り）……1/8個
ニラ（ざく切り）……適量
鶏ガラスープの素……適量
コチュジャン……小さじ1弱
おろししょうが……小さじ1
卵……1個
ごま油……適量
キムチ（食べやすく刻む）……30g

◆作り方

② 小松菜はラップで包み、電子レンジ（600W）で1分加熱する。

❷ 鍋に水180㎖、鶏ガラスープの素、コチュジャン、おろししょうが、玉ねぎを入れ、沸騰したらニラを加え、溶き卵を回し入れる。

❸ 器にご飯、キムチ、小松菜を盛り、②を注ぐ。

そうめんを食べたいのに
薬味がない！ってとき、
冷蔵庫にあった**お新香を刻んで**
誕生したシンプルメニュー。

シメの夜食

お新香そうめん

◆材料（1人分）

- そうめん……1束
- お新香（好みのもの／細かく刻む）……50g
- 万能ねぎ（小口切り）……適量
- 梅ピューレ……大さじ1／2
- 白だし……小さじ2
- オリーブオイル……大さじ2弱
- しょうゆ……小さじ1

◆作り方

① 調味料を合わせる。
② そうめんをゆで、氷水で冷ます。
③ ボウルに①と②を入れて合わせる。
④ 器に盛り、お新香、万能ねぎをのせる。

ピザ生地はちょっと重く感じるときがあるけど、
餃子の皮なら**軽く食べられて**いい。
使い勝手のいい食材だよね。

シメの夜食

餃子の皮のピザ

◆材料（作りやすい分量）

餃子の皮……8枚
玉ねぎ（薄切り）……1/8個
パプリカ赤・黄（薄切り）……各1/8個
ベーコンスライス（1cm幅に切る）……2枚
ケチャップ・マヨネーズ……各適量
とろけるチーズ……2枚

◆作り方

①クッキングシートに餃子の皮を丸く並べ、ケチャップ、マヨネーズをふちぎりぎりまで薄くぬる（餃子の皮は焦げやすいため、ふちまでしっかりぬる）。
②野菜、ベーコンを散らし、とろけるチーズをのせる。
③180℃のオーブンで10分焼く。

シメの夜食

うどん塩辛ぺぺろん

◆材料（1人分）

冷凍うどん……1食分
塩辛……30g
オリーブオイル・白だし……各適量
食べるラー油……20g

◆作り方

①うどんをゆでる。
②ボウルに塩辛、オリーブオイル、白だしを入れ、全体を混ぜ合わせる。
③器に盛り、食べるラー油をかける。

うどんだけじゃなくてそうめんでもいいし、
パスタでも美味しいよ。
やっぱ塩辛って、うま味たっぷりの
すごいヤツ！

魚をさばくのは得意
大物だって道具持参でさばきます

いろいろ料理をするようになり、40歳を過ぎた頃に魚をちゃんとさばけるようになろうと思い立ちました。まずは料理本やテレビの料理番組を参考に、手頃な大きさのサバを買って練習し、見様見真似でさばきました。最初からうまくできたわけではありませんが、数をこなすうちにだんだんうまくなり、今はアジでもタイでも三枚おろしに、ヒラメなら五枚おろしにできます。

そうして魚をさばくことにある程度自信が付いたころ、知り合いからブリを一尾いただいたので、親しい仲間と集まり、「ブリを食べる会」をすることになりました。

【知人宅でブリをさばく】

集まった家に届いたのは、体長80センチほどもある丸々としたブリ。包丁は出刃があれば大丈夫だろうと持参し、エプロンも軍手も用意したのですが、大きなまな板がない。うっかり準備するのを忘れたのです。

うーん、困った。

そのとき、ふと目についたのが木製の本棚。

「そうだ！　この本棚を使おう」と、ブリより先に本棚を解体することになりました。その家の主人は「え〜っ！」と目を白黒させていましたが、集まった仲間が数人がかりで本を出して、本棚を分解してしまいました。そして長い横板部分を大きなテーブルの上に置き、鱗《うろこ》を取ったり、内臓も取り分けないといけないので、周囲を汚さないように紙を敷いて準備完了。

さっそくブリの解体開始です。夢中になって作業をしました。身はサクを取って刺身にしました。カマは塩をふって塩焼きに。頭やアラは大根と煮付けました。

どれも美味しかったし、なにより80センチのブリをさばいたという達成感で、お酒も

知人宅での「ブリを食べる会」。解体した本棚をまな板にして（手前に見える板）、80センチもの大きなブリをさばいた。

進みましたね。

今では大物をさばくのもお手の物。五島列島出身の仲間がマグロを一尾丸ごと送ってくれることがあって、これもさばきました。部位ごとに分けて、刺し身にしたり、煮付けにしたり、葱鮪《ねぎま》汁にしたりして、全部美味しくいただきました。

【仙台のホテルで、ホヤをさばく】

僕はホヤも好きです。ホヤはとってから時間がたつとエグみが出るので、現地で食べるのが一番美味しいと聞いて、仙台へ行ったとき、ここぞとばかりに鮮魚店へ行ってホヤを購入、ホテルの部屋でさばいて食べました。包丁は持参です。行く前からさばいて食べる気満々だったんです。

ホヤをさばくのは、このときが初めて。今ならインターネットの動画でも見ながらさばくことができるのでしょうけど、それは少し前のことだったので勘を頼りにさばきました。でも、ナマコはさばいたことがあったから、できるんじゃないかなと思っていました。食べられる部分は見たことがあるわけだから、まあ、そう難しくはないだろうと。

いざ、ホヤを切るとドーッと海水が出てきたので、内臓と思われる部分を外して、食べられる部分を見つけて薄切りに。いやあ、美味しかったです。部屋中が磯臭くなってしまいましたけどね。

飛行機で行くなら空港の売店をチェック
新幹線で行くなら駅弁を楽しむ

地方に行くときは、行き先とスケジュールなどの都合で、飛行機で行くこともあれば、新幹線で行くこともあります。

飛行機で行く場合は、ちょっと早めに着くことが多いので、まずは空港の売店に直行。買うかどうかはさておき、30分くらいかけてどんなものがあるかじっくり見ます。

僕は、地域色のある魚介類の加工品とか、地元の牧場の限定生産ハムとか、そういうものに弱い。何回も行っている空港でも、しばらく行かないうちに新製品が並んでいたりするので、やっぱり足を向けてしまいます。

東京では百貨店などで頻繁に物産展が開かれているし、地方の名産品を扱う店も増えてきています。だから、東京にいながらにして手に入れられるものもたくさんあるけれど、空港の売店には地域の名物が置いてあるから、その土地の味を知るには、絶好の場所。それを目当てに立ち寄るんだ……というのはちょっと言い訳めいているかな。好きなんですよ。どんなものがあるのかを見て、手に取って、美味しそうだなと思ったら買って、場合によっては知人に送ったりするのがね。

うん、正直に言おう。空港の売店散策はとても楽しい！

【一つひとつのおかずを丁寧に作っている駅弁が好き】

飛行機でも新幹線でも行くことができる場所で、どちらも時間的にあまり差がないときは、新幹線で移動することが多いです。飛行機だと羽田まで行って、搭乗して、着いた空港からまた移動して……と時間が細切れになることが多いけど、新幹線ならまとまった時間を確保できるからです。

この後の講演会で話す内容を整理したり、あるいは漫画関連の仕事をしたりと、移動時間を有意義に使うことができるという点では、新幹線に軍配が上がると思っています。

そして新幹線移動に欠かせないのが、お弁当。いろいろなお弁当があるけど、僕が一番気に入っているのは、東海道新幹線で移動するときに食べる、滋賀県米原市にある井筒屋さんの「湖北のお

井筒屋さんの「湖北のおはなし」。おかずの一つひとつが美味しい。米原駅と、駅近くの本店で購入できる。
写真提供：㈱井筒屋

はなし」。湖北というのは米原市を含むエリアのことで、地域の名産品がおかずになっています。鴨のロースト、鶏の鍬《くわ》焼き風、ねぎと揚げのぬた、小芋の煮物、山ごぼうなど。一つひとつ、素材を生かした味付けで、どれも美味しい。全体のバランスもいいんです。ご飯はおこわで、季節によって変わるらしいのだけれど、僕が好きなのは秋冬の栗バージョン。なにより楽しいのは、はしっこにサイコロキャラメルが入っていることです。デザート代わりなのかな。唐草模様の風呂敷に包まれているところも、けっこうぐっときます。

【手間をかけたおかずが美味しいお弁当】

大阪の水了軒のお弁当もいいですね。八角弁当が有名ですが、こちらもまた一品ごとにとても丁寧に作られています。

たとえば煮物。家庭で作るときはまとめて煮ますけど、水了軒のお弁当は素材ごとに別々に煮て盛り合わせてある。ひとまとまりになっても味がケンカしないどころか、こっちはどんな味かなと食べるのが楽しくなる。見事ですよね。

東京・九段下、靖国神社の近くにある海苔弁専門店の「海苔弁いちのや」の弁当も好きです。

ちょっとコロナで入院したとき、知り合いの編集者が差し入れてくれたのですが、味がちっともわからなくて。それはそれは残念な思いをしました。美味しく食べるには健康でないといけないですね。

水了軒さんの「八角弁当」。どのおかずを食べても、手間暇かけて作られているのを実感できる。写真提供：水了軒（株）

海苔弁いちのやさんの海苔弁当。素材の一つひとつにこだわっていて、実に美味しい。
写真提供：（株）本塁打

冬場はモツ鍋や水餃子で仲間とワイワイ盛り上がる

僕の仕事は毎日アシスタントと一緒ですから、冬になると食事は鍋料理が増えます。一番多いのは、モツ鍋かもしれません。美味しい白モツさえ手に入れば、そこにニラとキャベツがあればいい。この三つが基本で、あとはにんにくと唐辛子をたっぷり。その他の具を入れてもいいけれど、結局シンプルなところに戻ってくるんですよね。

しょうゆ味と味噌味があって、どっちも美味しいけれど、あえてどちらかを選ぶならしょうゆ派かな。

【モツ鍋には福岡流に餃子の皮を入れる】

福岡のモツ鍋が好きで、自分で作るときも福岡流を取り入れていると書きましたが、それはシメに餃子の皮を入れるんです。チャンポンでもご飯でもなく、餃子の皮というのが僕流。福岡のモツ鍋屋さんがやっていたのですが、モツ鍋のだしを吸ってふっくらして、口に運ぶとツルンとして実にうまい。普通の餃子の皮を四つ折りくらいにして鍋に入れるだけで、とっても簡単。

餃子の皮は味噌汁に入れても美味しいですよ。すいとんみたいになってね。具だくさんの味噌汁を作って餃子の皮を落としたら、それでもう立派な軽食という感じかな。

【水餃子は白菜を入れてあんを少なめに作る】

水餃子鍋もよくやります。1回の鍋で水餃子は150個くらい作るかな。1人30個くらい食べる見当ですね。水餃子鍋にするときは、水餃子の具は少なめで。パッと見は大きなワンタンみたいに作ります。そのほうがツルツルっと食べられていいんです。

いつからか、「餃子のあんは肉が多ければいいというわけじゃない」というところにたどり着きました。初めの頃は肉が多いほうがうまいだろうと、ひき肉8：野菜2くらいにしていたのですが、これが美味しいと思えなかった。バランスがよくないんです。今はだいたい半々か、少し肉多めくらいがいいんじゃないかと思っています。また変わるかもしれませんけどね。あんに使う野菜は、白菜が気に入っています。ザクザク切ってちょっと塩をして水気を絞って、ニラとにんにくを混ぜる。そしてひき肉と混ぜれば完成。あんを作るより、包むほうが時間かかります。

今、書いていて思ったのだけど、そういえば焼き餃子のときはキャベツにすることが多いから、自分の中でなにか決まりがあるのかもしれないですね。

地方の夜の楽しみは知らないスナック探訪にあり

地方に行くと、食事のあとで知らないスナックのドアを開けて入るのが好きです。はい、ちょっとした冒険、プチ冒険です。どんな人がやっているのか、どんなお客さんがいるのか、どんな雰囲気か、高いか、安いか、全然わからないからこそ面白い。

スナックが並んでいる界隈に行ったら、おしゃれな名前の店ではなく、わざと「アケミ」なんて女性の名前だったり、あるいは「ジンライム」といったベタな名前の店を選びます。ドアを開けるとつっ伏して寝ているママがいて、慌ててドアを閉めることもあります。

よくあるのは、常連さん数人とママで話が盛り上がっている場面です。ママが僕に「お客さん、なににしますか」って聞いて、「水割り」と答えるとサッと作って出して、また常連さんたちとのおしゃべりに戻るというパターン。30分ほど放っておかれることもしばしばです。常連さんたちとの話題に入りこむ余地もなく、2杯目を頼んでもまだ放っておかれたりすると、まあ孤独を感じますよね。3杯目は頼まず、すごすご店をあとにします。その淋しさがけっこういいんです。

【鬼瓦みたいなおっかさんに、なぜだか惹かれた網走のスナック】

北海道の網走に行ったとき、漁師の奥さんたちが働いているスナックに入ったことがあります。「うちの旦那、あっちのほうで漁をしてんのよ」、なんて沖のほうを指さしてあっけらかんと話す、ちょっと鬼瓦みたいな雰囲気の人がいました。土地柄、ロシア人か、ロシア系のきれいな女の子もいましたが、僕は断然、この〝鬼瓦〟おっかさんに興味を持ちましたね。

おっかさんの話が面白いというわけではないんです。というより、面白くない。だからなんとかして、この人を笑わせようとしたわけです。なかなか成功しなくて、苦労しました。これもプチ冒険かもしれない。

旅先ではちょっと変わったことがしたくなるものです。

【不思議と居心地がいい、おばあちゃんのスナック】

いろいろな土地に行くけれど、続けて同じ場所に行くことはそれほど多くないです。だから、何度も訪ねるスナックというのは、あまりありません。

でも、1か所だけ、熱海のあるスナックには何度か足を運んでいます。そこは、おばあちゃんがやっているスナックなのです。見つけたのはもちろんプチ冒険の結果で、まったくの偶然です。

以前は年末になると出版社の人たちと箱根に一泊ゴルフに行ってました。朝早くからプレーするので前泊します。でも、箱根の高級な旅館に行って男ばっかりで顔を突き合わせて部屋で飲んでいても、楽しくもなんともない。温泉だって1回入ればもう満足だし。それで1泊何万円もする旅館に泊まるのは馬鹿らしいってことになって、前泊する日の夜はみんなでスナックに飲みに行ける場所がいい、そうだ熱海にしよう、ということになったのです。

そして熱海に変更した最初の年のこと。男性が6人いたので、3人ずつに分かれて、プチ冒険のスタート。それぞれで探して、良い店があったら電話で呼び合おうということになりました。

僕が「ドラゴン桜」の三田紀房先生たちと一緒にドアを開けたスナックは、70代のおばあちゃんが1人でやっている店でした。

「なにやっている人?」って聞かれたから、ちゃんと漫画を描いていると自己紹介をしたのですが、「あら、そう」って、それっきり。そのあと飲みながら、お酒の瓶に僕は島耕作を描き、三田先生は「ドラゴン桜」の桜木建二を描いているんだけど、おばあちゃんは知らないから、なんの反応もない。どんどん描いても、ちっとも感動してくれない(笑)。

そうこうしているうちに、80代くらいのおばあちゃんが2人来たんですよ。お客さんで。そして、僕らを見ると、買ってきたばかりのイカの煮付けみたいなお惣菜を出して、「家に帰って食べようと思ったんだけど、若い人たち、食べない？」って言うのです。おばあちゃんたちの食事をいただくわけにはいかないからと遠慮したのですが、「いいのよ、一緒に食べましょう」と言われて、それを肴にお酒を飲んで。

なんだかよくわからないけど、これはこれで面白いってことになって、ほかの店に行った3人も呼んで、みんなで楽しく飲みました。

その店は2年連続で行きましたよ。翌年、ママであるおばあちゃんは、ちゃんと僕たちのことを覚えていてくれました。「東京の人でしょ」って、それだけ（笑）。

でも、それがいいんですけどね。もちろん、島耕作を描いた瓶も、桜木建二が描かれた瓶もありませんでした。グラスなんかにも書いたのにね、全部捨てられちゃってました。

でも、なんだかリラックスできる店だったなあ。

鮒ずしなんて目じゃない！
臭気計も振り切れんばかりの臭い食べ物

駅弁で一番好きなのは「湖北のおはなし」で、琵琶湖の近くにある比良山荘の熊鍋も好きだという話をしました。琵琶湖の名物といえば、鮒ずしもあります。鮒ずしはご存知のように鮒のなれずしで、塩漬けにした鮒と米を漬け込んで発酵させますが、独特の臭いがするので、それが苦手という人もいます。確かに臭いはあるけど、酸っぱさとしょっぱさがあって、酒の肴にはとてもいいと思います。

臭い食べ物には美味しいものもいっぱいあります。たとえばくさやとかね。くさやも苦手な人はいるけど、要はアジの干物だから、うまいですよ。納豆だって、苦手な人には臭いんだろうし。僕は大好きだけど。

【世界三大臭いもの食べ比べ】

あるとき、僕がレギュラー出演していた文化放送のラジオ番組で、世界三大臭い食べ物を食べてみるという企画が持ち上がりました。「弘兼はなんでも食べてみるらしいから、世界三大臭い食べ物にも挑戦させてみよう」ということだったのかもしれません。

世界三大臭い食べ物ってなんだと思いますか？

いろんな食材が挙げられますが、このとき用意されたのは、まず日本代表でくさや、韓国からエイを発酵させたホンオチム、そしてスウェーデンのニシンの漬物、シュールストレミング。食べる場所は、文化放送の屋上に設定されました。室内では臭いがこもるからと。

まずはくさや。焼くと独特の臭いがしますが、僕は全然平気。美味しくいただきました。

次にホンオチム。確かに強烈な臭いがするんですが、味としては発酵食品のそれです。好きかどうかというと、それほど好きではありませんでしたが。

「口の中にホンオチムを入れたまま鼻から息を吸い込むと大変なことになるから、絶対にしないでくださいね」と言われたのですが、やらないでと言われたら、やってみたくなるじゃないですか。当然やって、死にました。めちゃくちゃ衝撃が走るので、おすすめしません（笑）。

【シュールストレミングが世界一臭い】

さて、満場一致で「世界で一番臭い食べ物」として認定されると思われたのは、シュールストレミングでした。

缶詰なのだけれど、缶の中で発酵が進んでいくので、発生した二酸化炭素によって缶がふくらみます。それで、缶を開けるとガスと缶汁がシューッと飛び出す！　これが目に入ると大変だし、洋服に臭いがつくと困るからということで、みんなで水中ゴーグルをつけて、雨合羽を着て、いざ開缶!!

予想以上に盛大にガスと缶汁が飛び出して、一瞬であたり一帯がシュールストレミングの臭気に囲まれました。その臭気たるや、もう息を吸うのもためらわれるほどです。屋外でこれなんですから、絶対に屋内で開けてはいけないと思いました。

スウェーデンではパンやゆでたじゃがいもにのせて食べるそうで、その流儀で食べてみましたが、意外や意外！　なかなかイケる味でしたよ。

そのとき臭気計で計ったら、たしか、くさやは２００いくつ、ホンオチムは６０００ぐらい。桁が全く違うんですよね。シュールストレミングになると８０００いくつ。この数値が臭さを表しています。刺激的な臭いですが、臭いものには美味しいものがあるということを実感できたひとときでした。

[著者プロフィール]

弘兼憲史

ひろかね・けんし

◆── 1947年、山口県生まれ。早稲田大学法学部卒業。松下電器産業(現パナソニック)に勤務後、74年に『風薫る』で漫画家デビュー。その後『人間交差点』で小学館漫画賞(84年)、『課長 島耕作』で講談社漫画賞(91年)、講談社漫画賞特別賞(2019年)、『黄昏流星群』で文化庁メディア芸術祭マンガ部門優秀賞(00年)、日本漫画家協会賞大賞(03年)を受賞。その作品は、人間、社会についての縦横無尽な洞察が高い評価を得ている。07年には紫綬褒章を受章。

◆── 人生、生き方に関するエッセイも多数手がけ、ベストセラーとなった『増補版 弘兼流 60歳からの手ぶら人生』(中公新書ラクレ)、『弘兼流 60歳から、好きに生きてみないか』『弘兼流 50代からの人生を楽しむ法』『弘兼流 60代からピンピン生きる方法』(以上、三笠書房)、『弘兼流 やめる! 生き方』(青春出版社)、『死ぬまで上機嫌。』(ダイヤモンド社)などの著書がある。

[スタッフ]
撮影:岡村智明
装丁&本文デザイン:谷元将泰
編集協力:佐藤紀子

[企画協力]
株式会社 フォンテーン

[協賛]
株式会社 ドン・キホーテ(調理器具)
HESTIA GINZA(撮影協力)
株式会社 福島屋(食材提供)

弘兼憲史のサッとつくれて ウマイつまみ54品

2023年3月1日　　第1刷発行

著　者　弘兼　憲史
発行者　唐津　隆
発行所　株式会社ビジネス社
〒162-0805 東京都新宿区矢来町114番地
神楽坂高橋ビル5階
電話 03(5227)1602　FAX 03(5227)1603
https://www.business-sha.co.jp

カバー印刷・本文印刷・製本/半七写真印刷工業株式会社
〈編集担当〉山浦秀紀　〈営業担当〉山口健志

ISBN978-4-8284-2451-4